ÍNDICE

SINOPSE

Ascensão e Queda de um futebolista é uma tragicomédia inspirada em casos reais. Narra a história de um menino pobre e quase analfabeto, de nome Alexander Baum, que cresceu numa rua onde o crime e a miséria andavam de mãos dadas e que, um dia, graças ao futebol, se tornou um herói de massas multimilionário.

Alexander vivia com o espírito demasiado agitado e não sabia lidar com o dinheiro, a fama, a vaidade e os oportunistas. O seu dia-a-dia resumia-se a treinar, viajar, estagiar, jogar e participar em anúncios comerciais e sessões de fotografias. As horas vagas, poucas, muito poucas, eram consumidas com luxos e extravagâncias, na companhia de falsos amigos e da manequim profissional Joanna Pasteur, com a qual encetou matrimónio sem averiguar previamente se ela era uma pessoa séria.

Ao fim de uma década de grandes sucessos, veio o fim da carreira, a perda de rendimentos, o pagamento de impostos e um divórcio milionário, combinação fatal que fez com que Alexander ficasse rapidamente arruinado, tendo de lutar, de novo, por uma existência condigna.

Conseguirá ele dignificar a sua vida? O final deste livro é surpreendente.

.

CAPITULO I

O VELHO ARMAZÉM

Um dia, quando após um jogo os rapazes discutiam em voz alta a prestação de cada um, um mendigo aproximou-se. Nunca ele fora visto naquelas paragens. Não pesava mais de 50 quilos. Um esqueleto andante, tolhido pelo fantasma da miséria. Uma personagem em mísero estado, de olhar triste e roupas rasgadas. Tinha ar de quem há muito dormia ao relento.

- Olá, jovens! – disse ele. – Gostei muito de vos ver jogar. Gostei mesmo muito. Eu também fui jogador. Fui um jogador famoso há muito tempo. Marcava golos. Marcava muitos golos. Todas as pessoas sabiam o meu nome. Ainda hoje ouço o eco do meu nome. Agora sou pobre. Nada sou. Quem tudo tem, tudo é. Quem nada tem, nada é.

Os garotos conheciam muitos outros mendigos. Estavam habituados a lidar com eles. Sabiam que a idade avançada aliada à extrema pobreza torna as pessoas senis. Mas por malandrice e diversão decidiram gozar o velho faroleiro.

- Qual era o seu nome de craque? – perguntou um.

- Não me lembro! A minha memória é fraca! – disse o velho, de cabeça baixa. – Mas eu marcava golos, marcava muitos golos!

- Sim, já sabemos! – redarguiu outro, acompanhado de um sorriso de orelha a orelha. – Ainda hoje você ouve o eco do seu nome a ser gritado nas cidades. Só o eco!

1

O idoso foi continuando melancolicamente a descrever o seu passado, sempre da mesma maneira, ao ponto de todos os rapazes conseguirem repetir de memória a sua ladainha. Sentindo-se gozado por toda aquela criançada, o forasteiro acabou por pedir licença para se retirar e abandonou o local pacificamente, perante uma gargalhada geral. Abraçados uns aos outros, chorando de riso, os garotos mal tinham forças para erguer as mãos e dizer adeus ao velhote.

Ainda a zombaria da rapaziada se fazia ouvir, quando surgiu outro homem, idoso também, com a respiração ofegante. Descera do 6.º andar do seu prédio, pelas escadas, assim que reconheceu Goldstone que se afastava.

- Então vocês não sabem quem ele é? É Goldstone! O mítico jogador! Marcou mais de 60 golos pela seleção! Um rei do futebol! Teve o mundo nos seus pés!

Os garotos ficaram em estado choque quando souberam a identidade do homem com quem haviam estado a gozar. Ele, afinal, falara verdade. Havia sido uma estrela. Uma estrela mundial. Merecera o maior reconhecimento social. Um dia a energia obrigou-o a parar, o dinheiro esfumou-se e a sociedade, que até então o aplaudira, voltou-lhe as costas.

Tristes e condoídos consigo próprios, os rapazes desataram a correr atrás dele, galgando passeios e derrubando latas do lixo. Infelizmente já não viram o ídolo tão procurado. Diluíra-se por entre a multidão de trabalhadores e mendigos que atravessava as fronteiras da rua em direção à grande cidade. Oh como choraram! De arrependimento! Um astro tinha estado entre eles! Não fora um fantasma! Ou fora mesmo um fantasma!

Na minha rua existia um único espaço aberto. Um armazém sem teto, há muito abandonado pela falência dos proprietários. Era o campo de futebol da garotada. O meu campo também. Os jogos eram levados a sério. Havia torneios entre equipas, sapatilhas para os jogadores, bolas de cabedal, balizas com redes, linhas marcadas no chão e apitos para quem tomasse o lugar de árbitro. Um futebol rápido e muito disputado.

Os patrocinadores do pequeno clube improvisado eram os únicos homens bem-sucedidos na rua que me viu crescer: proxenetas, ladrões e gangsters dos mais diversos calibres. Eles tudo davam aos jogadores de palmo e meio, como eu, a troco de pequenas tarefas fortuitas na grande cidade, como vigilância de pessoas ou transporte de pequenos embrulhos ou envelopes cujo conteúdo não conhecíamos.

Comecei a dar os primeiros toques numa bola quando tinha 5 anos de idade. Era tão baixinho que não conseguia levantar a bola do chão e, mesmo saltando no ar, não chegava aos ombros dos defesas das equipas adversárias. Queria ser avançado e não aceitava outra posição. Por vezes, em circunstâncias particulares, concordava em ficar na defesa ou no meio campo, mas ali ficava pouco tempo. Assim que os jogos se iniciavam, ia avançando, avançando, avançando, até ficar onde queria.

Os meus pais detestavam que eu arranhasse as pernas e os braços no piso irregular do velho armazém onde jogávamos. Achavam que um menino tão franzino não deveria andar ali, sem caneleiras, exposto à agressividade e às biqueiras do calçado de garotos bem maiores.

Muitos daqueles jogadores em potência eram exímios no domínio de bola, sabiam amortecê-la no peito, na coxa ou mesmo na biqueira da sapatilha, mas depois só pensavam na baliza. Cada um queria conquistar o mundo inteiro sozinho. Um jogo de virtudes isoladas.

Tal como eu, centenas de jovens nados e criados naquela rua tinham no fundo dos seus corações o desejo de conhecer o caminho da glória, do sucesso, do dinheiro, dos carros potentes, das mulheres bonitas. Sonhavam com o passaporte para esse mundo maravilhoso: o futebol a sério, estádios a explodir de entusiasmo, 11 contra 11, todos os jogadores de chuteiras, treinadores, médicos, dirigentes, massagistas, bancadas, adeptos, jornalistas e televisões.

CAPÍTULO II

O PRIMEIRO AMOR

Foi a minha primeira paixão. Uma paixão de adolescente, com todas as suas infantilidades. O amor mais inocente do mundo. Andávamos de mãos dadas ao longo da nossa rua caótica. Olhávamo-nos longamente nos olhos. As nossas almas estavam unidas. Éramos cúmplices do desejo de um dia podermos casar. O seu nome era Mirian.

Conhecemo-nos num baile de garagem, onde numa noite de chuva dançavam pessoas honestas misturadas com ladrões, bêbados e meretrizes. Uma nova dança tinha conquistado a rua nessa época: o slow. Dançamos horas seguidas. Perdi a conta ao tempo. Nunca havia conhecido na Terra uma criatura de forma humana tão bela. Três, quatro, cinco vezes bela. Afortunados os lindos olhos que me seduziram e conquistaram tão fulgurantemente!

Eu tateava docemente as madeixas soltas sobre as suas orelhas. Afagava-lhe o cabelo. Inalava o seu perfume barato mas bom. Olhava seus lábios entreabertos, separados por uma respiração apaixonada. A cada avanço envergonhado, mais comprometido eu ficava.

O meu sangue falava nas minhas veias, exortando-me a agir. A cada 10 minutos mais eu me inflamava. "Gosto muito de ti" – exclamei junto do seu ouvido gracioso. Um confissão sentida. Tinha sido amor à primeira vista. "É mesmo verdade que gostas de mim?" – perguntou ela baixinho. "Sim, sim, juro!" – disse eu. "Também gosto de ti" – disse ela. Foi uma comunhão numa espécie de folguedo infantil.

Nessa noite não chegamos sequer ao primeiro beijo. Mas o amor mútuo fez a sua aparição. Quando parou a música, ali ficamos de pé, abraçados, respirando ofegantes, sonhando também. A maior parte dos convidados já tinha saído. Chovia. Chovia muito. A purificação divina do nosso enlace. Dois jovens puros – que ao longo das suas vidas nunca haviam passado por seduções, envolvimentos amorosos e cenas de amor – estavam apaixonados um pelo outro.

O meu pai há muito dizia que a paixão pode cegar um homem. É verdade. Tive essa prova com a Mirian. Assim que caí em mim, reparei que não era tão bela como eu a via nos primeiros dias. Tinha uma cara bonita, mas infelizmente padecia de muitos quilos a mais. Alimentava-se à base de pão e chocolate. Além disso, não sabia vestir-se. Usava sempre a mesma roupa. Quem a visse num determinado mês, estava a vê-la 3 ou 4 meses antes ou depois. Nada mudava. Usava em qualquer época meias de lã e botifarras. E o Verão era quente.

A minha família sempre tentou afastar-me o mais possível dos gangues da rua. O facto de eu não pertencer a nenhum gangue, fez com que rapazes mal intencionados me pusessem a alcunha de "O fraquinho". Eu naturalmente sentia-me humilhado quando me chamavam esse nome. O meu pai ameaçava pegar numa pistola e atirar a matar sobre aqueles que diariamente massacravam a minha auto-estima. A Mirian pedia calma e costumava dizer, para me consolar: "Mais vale um fraquinho vivo do que um forte morto!" E rematava: "É de ti que gosto."

Ela estudava numa escola da grande cidade, orgulhando-se de ser a melhor aluna da turma. Apesar de ser ainda muito jovem, era já uma intelectual muito respeitada na rua. Estava filiada numa associação anarquista e lutava contra as condições de vida medievais em que viviam na nossa rua milhares de almas desgraçadas, sem alimentação condigna, sem água canalizada, sem saneamento básico, sem luz eléctrica, sem acesso ao ensino e à justiça.

Organizadora de homens e mulheres enfraquecidos, Mirian assumia com destreza o papel de porta-voz dos interesses dos pobres, dos desempregados e dos trabalhadores, em nome da solidariedade internacionalista. No primeiro comício que presenciei, fiquei tão emocionado que até chorei. Em cima de uns caixotes de madeira, qual palco improvisado, Mirian apontou o caminho da luta popular e da sublevação.

Por vezes ela andava muito triste, porque as doutrinas políticas não interessavam às massas e estavam completamente fora de moda. O grande debate da sociedade tinha um nome: futebol. Nos media, o futebol substituíra a política e a religião como grande força ideológica das nações.

Os media e o marketing haviam imposto uma ditadura informativa impressionante. O tempo dedicado aos acontecimentos do futebol sufocava todas as outras notícias nacionais e internacionais: as reuniões da ONU, as descobertas da ciência, as ações humanitárias de beneméritos anónimos, os terramotos e tudo quanto dissesse respeito a política, economia, arte ou entretenimento.

Os telejornais de todos os canais dedicavam-se a discutir golos, classificações e mudanças de treinadores. Um círculo vicioso imparável. Mais programas e mais notícias sobre futebol geravam cada vez mais programas e notícias sobre futebol. Quase não sobrava tempo para passar em revista a atualidade do mundo inteiro. Miriam sofria com isto.

Por vezes, a tónica do seu discurso mudava para a libertação das mulheres de padrões opressores baseados em normas de género. Mirian detestava ver mulheres de vassoura na mão e utilizava muitas vezes o slogan: "Ele que varra!" A minha mãe chegou a assistir a uma palestra. Ficou entusiasmada com o que ouviu. Regressou a casa resmungando entre dentes que advogava pela igualdade entre homens e mulheres. Todavia, o hábito era mais forte do que qualquer ideia política. Assim que entrou na cozinha, agarrou imediatamente na sua vassoura e recomeçou a varrer, a varrer, a varrer.

CAPITULO III

INFÂNCIA POBRÍSSIMA

Acaba de soar o toque das cinco horas da manhã na torre de um prédio longínquo. O luar inunda a paisagem com a sua luz prateada. O vento havia amainado desde a tarde da véspera. Tudo parece estar adormecido. Estou desperto à janela a olhar para a minha rua. Tenho frio. Sinto fome. O dia está a chegar e com ele a mais extrema pobreza. É esta a imagem mais dolorosa que guardo da minha infância. Nunca a esquecerei. Aquela rua de dois quilómetros de comprimento era todo o meu mundo.

Um mar de gente miserável abrigava-se em edifícios entre seis e dez andares. Cada metro de parede estava coberto de grafitis com mensagens de morte. Só se via betão, lixo e chapa enferrujada. Não se encontrava um palmo de terra ou de erva. Não se via um pássaro, nem uma árvore. Toda a madeira era aproveitada para os braseiros das noites de inverno. Os mendigos, para se aquecerem, agarravam-se aos altos candeeiros de iluminação pública. Não há palavras suficientemente cruas para descrever um cenário tão rude de uma vida sem cor.

Muitas casas eram piores do que vagões de gado. Famílias numerosas estavam amontoadas em pequenas divisões. Não tinham móveis. Dormiam no chão. Comiam no parapeito das janelas. A água pingava no teto das casas. Não havia estuque que não estivesse a cair. Alguns vizinhos tentavam ajudar os mais pobres. Mas eles também eram pobres, espoliados da sorte.

Sempre existiram sem-abrigo a deambular pela minha rua. Costumavam lutar entre si pelas melhores sobras quando os moradores arremessavam sacos de lixo da janela. Era como se tivessem caído moedas do céu. Cheguei a ver um infeliz sem pão a mover uma perseguição sem tréguas a uma ratazana, que fugia desesperada sentindo nas orelhas o sopro assassino do seu perseguidor.

O céu confundia-se com cordas de roupa a secar. Para se ver as nuvens e o sol com amplitude, era preciso subir ao alto de um prédio. A vista da grande cidade era deslumbrante. O mundo era mesmo bonito. Mas não na minha rua. Há imagens que me perseguem ainda hoje, como os redemoinhos de lixo a voar e os enxames de moscas.

Multidões estavam sem trabalho. Todas as manhãs centenas de homens de coração transido lançavam-se avidamente na leitura das páginas de anúncios de emprego nos jornais. Estavam dispostos a todas as humilhações. Aspiravam a ter um patrão, mesmo um déspota, que lhes assegurasse o arroz para o jantar.

As mulheres discutiam de varanda para varanda. Cada uma sabia o que estava a ser cozinhado na panela das vizinhas, tão pouca era a safra. As mães faziam milagres com um fio de azeite e um naco de carne. O cheiro dos cozinhados era por vezes todo o meu conforto. A extrema pobreza cria igualdade. Sou testemunha disso. Testemunha e vítima.

Existia uma escola no fundo da rua. Ficava num velho edifício com quatro divisões sombrias. Havia goteiras por todo o lado. Os miúdos odiavam a escola. Quando lá estavam, sentiam saudades da rua, dos baldes do lixo, das cordas com roupa a secar. Tudo isto apesar de o professor ser um homem de uma rectidão a toda a prova. Ele era muito inteligente. Ensinava bem. Passava normalmente a hora do almoço entregue à contemplação e ao silêncio. O seu auto-domínio e a sua educação eram impressionantes. Dizia frequentemente aos alunos para praticarem a paciência e para meditarem sobre ela, pois, sem uma meditação prévia nas vantagens da paciência, seria sempre de esperar o pior aquando do surgimento de uma situação que exigisse uma reacção imediata.

Os propósitos do professor eram magníficos e o empenho que dedicava às suas crenças era assinalável. Todavia, ele aterrara num local onde era impossível implantar o que quer que fosse em termos de ensino básico. Deparava-se muitas vezes com as salas de aula vandalizadas ou trancadas com cadeados. Desistiu de ensinar quando foi esfaqueado na cara pela mãe de uma aluna a quem fizera pequenos e justos reparos.

As mães eram usualmente mais ariscas do que os filhos. Não era o caso da minha mãe, que sempre primou pela modéstia. Passava os dias em casa, com as pálpebras inflamadas de dormir pouco, mourejando do alvorecer até à meia-noite, a varrer, a limpar, a remendar roupas, a revirar colarinhos gastos, a pontear meias, a cozinhar o que Deus permitisse.

O meu pai partia todas as manhãs para o seu emprego mal pago numa fábrica que envelhecia prematuramente as pessoas. Em criança, ele vivera numa aldeia com o produto da terra, num ambiente de grande liberdade, de trabalhos campestres e de prazeres puros. Nunca as sementes da terra lhe haviam ensinado uma acção má; nunca as frutas das árvores lhe haviam suscitado um pensamento abjecto; nem o gado lhe despertara outro sentimento para além do amor.

Com sonhos de enriquecimento, casa linda e carro novo, escolheu a cidade desde novo, trabalhando triste sobre uma máquina, até que o apito da fábrica lhe tirasse a canga, todos os dias, todas as semanas, todos os meses, sempre, sempre, sempre.

O caso de frustração do meu pai não era único. Existiam na rua centenas de ex-camponeses. Todos infelizes. Queriam rebolar na palha, cheirar a terra e caminhar sobre ela com os pés descalços. Ninguém pode imaginar quão feliz ficaria aquela gente se pudesse fazer um simples piquenique e descalçar os sapatos num terreno descampado sem uma lixeira por perto.

Não existia vida privada no meu prédio. Os gritos constantes nas escadarias e no interior dos apartamentos, separados por magras paredes de gesso, alertavam-nos para os problemas dos vizinhos: a fúria dos maridos, a falta de dinheiro, a dependência da droga dos filhos, a abundância de baratas, muitas coisas negativas. Quando não havia gritos noite dentro, eramos surpreendidos pelos sons mudos dos amantes. As noites eram uma tortura. Nunca havia uma noite normal.

Quando saía de casa todas as manhãs, costumava ver gente desconhecida a dormir nas escadas do prédio. Gente sem carinho, sem esperança, de olhos tristes. Mulheres descalças. Homens aleijados. Infelizes chorando. Sofrimento.

CAPITULO IV

GANGSTERISMO A DOIS PASSOS

Grupos de prematuros malandros, nados e criados em prédios sinistros, onde desde cedo haviam perdido a noção do que é bom ou mau, vendo classificar de virtude o que na sociedade era tido como crime, passavam o dia a jogar bilhar e a fumar drogas. Só saíam da rua para fazer assaltos. Depois voltavam com o produto do roubo, que esbanjavam em jogos e tatuagens até terem que sair outra vez, para roubar mais.

O número de prostitutas era elevadíssimo. Nunca houvera tanta concorrência entre elas. Centenas de mulheres haviam sido lançadas pela má sorte nessa profissão. Umas ofereciam-se ao longo dos passeios; outras ocupavam os andares de apartamentos mal amanhados. Aos 8 anos de idade, os meninos da rua já sabiam exactamente a que actividade elas se dedicavam, depois de terem passado rapidamente a palavra uns aos outros.

A escassez e o subdesenvolvimento fabricam grande número de mulheres obesas. A minha prima Jodie pesava mais de 100 quilos. Entregara-se desde nova à impureza da vida, ficando algemada por hábitos e vícios que nunca mais conseguiu quebrar. Abraçou a prostituição e morreu cedo, com uma doença venosa letal. Assim como nos supermercados das zonas chiques a fruta manuseada por toda a gente tem como destino inelutável o balde de lixo, também as prostitutas da minha rua miserável acabavam invariavelmente num fosso de angústia e morte.

Os proxenetas haviam levado tão longe o seu poder na rua que tinham adquirido grande parte dos prédios aos seus proprietários, tornando-se senhorios e senhores de uma multidão de pobres. Todos os dias havia despejos por não pagamento de rendas. De pouco valiam os protestos dos moradores despejados. A amparar os senhorios surgiam mercenários armados. Eles governavam a rua, brutais e assustadores. Todos os pobres os odiavam, mas não podiam fazer nada.

Não têm conta as vezes que vi proxenetas subindo e descendendo as escadas íngremes dos prédios da rua, um após outro, para cobrarem as rendas de quantos não queriam ser despejados imediatamente. Quantas vezes vi móveis e camas serem atiradas das janelas. Choros e convulsões sucediam-se a muitas dessas visitas.

Lembro-me de subir a rua num dia de ano novo. Em toda a parte se ouviam festejos e barulhos de regozijo. Mas, uma vez mais, havia famílias despejadas e chefes-de-família empurrados para fora de suas casas à coronhada. Sobre os passeios viam-se mesas, cadeiras, colchões, roupas de cama, pratos sujos, bebés a chorar, desespero. Aquelas famílias eram tão pobres que não tinham coragem para chorar ruidosamente. A raiva era prisioneira do silêncio.

Existiam vários gangues na rua, constituídos por rapazes que haviam crescido no meio de realidades desmoralizadoras, sem que ninguém os houvesse preparado para julgar o que viam com uma firmeza de princípios que os colocasse ao abrigo de tentações desonestas e da prática dos crimes mais vis. Os gangsters sabiam que, embora não pudessem alterar o mundo, podiam perturbá-lo sobremaneira. Isso, por si só, já era gratificante.

Todas as manhãs, do exterior chegavam as mais alarmantes notícias. Havia constantemente rixas sangrentas e tiros de pistola. Depois gritos, desespero, choro, ambulâncias. Era difícil adivinhar quem morrera. Criminosos, prostitutas, vadios de nariz achatado, pessoas inocentes. Podia ser qualquer um.

Dificilmente se encontrava uma casa honesta e pessoas com condições de vida e educação. A maioria das habitações estava cheia de podridões e de vícios. A virtude soçobrava completamente.

As crianças tinham o mesmo horário dos adultos. Era comum estarem todas na rua já a madrugada ia alta. Eu dormia numa cama de molas que não tinha colchão, nem travesseiro. Durante anos pousei a cabeça numa caixa de cartão, que pouco a pouco foi sendo desfeita por roedores. Valeu-me na altura o meu tio Hermann, que me deu uma travesseira de algodão, novinha em folha. Aprendi aí como tão pouco pode significar muito.

O meu tio era um homem muito mal disposto que parecia esconder, por trás dos seus finos óculos, umas feições carregadas de ódio e de vingança. "Homem pequeno, saco de veneno" – dizia-se na rua a respeito dele. Era conhecido por estar sempre a protestar com a vida. Envolveu-se certo dia num confronto com um grupo de motards. O resultado foi levar uma terrível facada no estômago que lhe colocou as tripas à mostra. A minha tia, horrorizada com a cena, tentou fazer parar o motociclista de capacete negro e viseira fechada que desferira a punhalada fatal, mas já só conseguiu agarrar um bloco de atmosfera, vendo o assassino a arrancar com calor e a desaparecer no horizonte. A desgraçada não teve sequer a oportunidade de fitar nos olhos o maldito artesão da catástrofe que vivia naquele momento.

A polícia só aparecia na rua, de ano a ano, acompanhada do exército e seguida de perto por um helicóptero com snipers muito atentos. Pedras e sacos de lixo voavam pelas janelas de dezenas de prédios ao mesmo tempo. Os agentes da lei e da ordem acabavam sempre por bater em retirada perante as vaias iradas de um magote de gente.

Era assim a minha rua. Ainda hoje assim é.

CAPITULO V

VISITA A BABA MADRI

Havia na rua uma casa acastelada com uma fachada arruinada, de que todos tinham medo, até os criminosos mais implacáveis. A porta de entrada estava sempre entreaberta e não tinha fechadura, mas ninguém ousava sequer espreitar para o interior. Era uma espécie de casa assombrada, em torno da qual reinava um perturbador silêncio. Todos os pormenores evocavam o mais denso mistério.

Dizia-se que ali morava Baba Madri, um homem muito sábio, centenário, alto e direito, cabeça sempre coberta, de cujos olhos brotava uma claridade incandescente. Há muitos anos que ninguém o via fora de casa. O estranho habitante era tido em grande respeito pelos moradores mais idosos, que diziam que ele já vivia naquela casa quando eles próprios nasceram. A sua reputação era tão misteriosa e antiga que não podia ser devidamente compreendida por recém-chegados. E todos os moradores da rua eram recém-chegados em relação a ele.

Confesso que esta história misteriosa intrigou-me desde os meus verdes anos. E já há muito tempo estava animado do desejo de visitar aquela residência. Talvez os conselhos de um sábio pudessem ser úteis para mim, um jovem desprezado pela sociedade, pobremente alimentado e vestido, sem recursos para nada, muito menos para constituir família, como desejava e queria. Sentia-me condenado a viver para sempre amargurado e contrito de minhas culpas por nada de extraordinário ter feito para me libertar das amarras da rua e dos grilhões da fome. Visitar Madri poderia significar a morte ou a vida. Num cenário de morte já eu vivia. Nada tinha a perder.

Numa noite chuvosa decidi procurar Baba Madri. Tremendo das pernas e vertendo lágrimas humildes, estava preparado para lhe confessar todos os pecados da minha vida, sem excluir nenhum. Nada de muito grave havia feito na minha vida. O meu passado registava apenas pequenas torpezas não muito censuráveis.

Aproximei-me da casa devagar, dei dois toques na porta e, metendo hesitantemente a cabeça no hall, perguntei, com uma voz assustada, se estava alguém em casa. Só o silêncio respondeu à minha pergunta. O silêncio dos livros. Milhares de livros empilhados. Pilhas de livros com mais de dois metros de altura. Um cemitério livresco numa casa fantasma cujo interior era desconhecido do mundo e evocava tempos imemoriais. E, no entanto, ao fundo de um corredor, descortinava-se uma estranha claridade que promanava de dois archotes que se consumiam lentamente. Havia vida naquela casa.

Depois de um momento de hesitação, reorganizei os meus pensamentos e, pé-ante-pé, comecei a percorrer as divisões da estranha morada: salas, corredores, escadarias. Não havia móveis, nem quadros, nem prateleiras, nem plantas. Apenas livros. Um ambiente extraordinário de relíquias e raridades que só podia ser obra de um requintado bibliófilo habituado a respirar muito pó. O tempo parecia estar parado desde há muitos séculos. Aquele silêncio surdo parecia o infinito vácuo da morte.

Nos corredores daquela casa o meu corpo só cabia de lado, esmagado entre paredes fantásticas de livros apilhados. Entrei numa sala onde se erguia, a partir de uma mesa de pedra maciça, um candelabro, parecendo presidir a uma silenciosa assembleia: a assembleia dos livros. Pérolas de leitura esquecidas no tempo. Livros espessos ou finos, grandes uns, de pequenas dimensões outros, empilhados de forma desorganizada, com grande risco de avalanche.

À minha frente deparava-se uma escada rochosa. A luz tremeluzente de archotes tornava o ambiente verdadeiramente assustador. Comecei a subir lentamente os degraus da escadaria e emergi com precaução num estreito corredor.

De súbito, pareceu-me ouvir uma respiração atrás de mim. Surgido de rompante, Madri apontou um indicador inexorável na minha direcção, fazendo com que eu caísse para trás. Fiquei prostrado no chão, imobilizado pelo medo, e senti-me incapaz de confessar à minha alma os meus estranhos pensamentos,

O anfitrião estendeu um braço na minha direcção, agarrou-me por um ombro e, arrastando o meu peso morto, pôs-se em marcha ao longo da casa, atravessando toda a espécie de divisões sombrias. Enquanto eu era arrastado com vigor, no meio daquele universo de livros, imaginei o pior cenário possível. Seria amordaçado, preso a um banco e seviciado com instrumentos de tortura. Ossos e ligamentos em tensão, unhas arrancadas, fogo e dor na minha pele.

Por momentos, deixei cair umas lágrimas e soltei um longo lamento. Não mereceria uma pena tão severa. Porventura não tinha eu uma alma e bons sentimentos? Não tinha sangue humano a correr nas veias? Não tinha uma família preocupada comigo, um pai honesto, uma mãe trabalhadora, uma namorada defensora dos direitos das mulheres?

O chão parecia tremer sob os passos pesados do velho ancião. De elevada estatura, turbante negro na cabeça e barba enorme e majestosa, ele inspirava gestos de recuo a qualquer pessoa. Uma figura imponente, quase sobrenatural. Não demorei a compreender por que motivo toda a gente da rua tinha absoluto pavor do dono daquela casa.

Baba Madri estacou a sua marcha numa sala onde existiam dois bancos. Sob o seu comando, sentamos-nos frente a frente. Ele parecia sereno. Concentrado também. Talvez há muitos anos não visse uma pessoa humana. Interrogava-me por que motivo ele havia optado por viver como uma toupeira, incapaz de distinguir entre a noite e o dia, arredado da interação entre os homens, alienado do mundo real.

Olhei para a sala onde nos encontrávamos, apenas banhada pela trémula labareda do archote. Nela não existia nada para além dos bancos em que nos sentávamos e paredes folhadas a livros. Não havia qualquer mobília, nem nada que contrastasse com a mais absoluta pobreza.

À minha frente, sério e digno, Madri parecia perdido nos seus pensamentos. Nunca imaginei vir a conhecer uma personagem tão inquietante.

- Quem é... quem é o senhor? – perguntei eu, o intruso, de uma forma disparatada.

- Um homem simples – respondeu ele. – Se nunca me tivesse encontrado, melhor me ficaria a conhecer.

- O meu... o meu nome é Alexander Baum – disse eu titubeando. – Vim aqui esta noite porque preciso dos bons conselhos de um homem velho e sábio. Gostaria de ser rico e famoso no futuro.

  A fama é mortífera. Obedeça ao antigo provérbio: "Sempre à sombra, onde há luz."

- Como assim? O mundo está cheio de pessoas famosas que são felizes. Creio que todo o homem gosta de ser reconhecido e respeitado.

- Um dia, uma serpente começou a perseguir um pirilampo, que sentindo o sopro assassino da sua perseguidora, olhou para trás e disse:
- Amiga serpente, eu não pertenço à tua cadeia alimentar e nunca te fiz mal nenhum. Por que motivo me queres devorar?
- Porque brilhas! – respondeu a serpente.

- Posso ao menos ter dinheiro?

- De nada lhe serviria o dinheiro, pois não tem conhecimentos da vida nem justo critério. O dinheiro, na posse de um ignorante, esfuma-se sem gerar vida ou felicidade.

- Não posso concordar. Se tiver dinheiro, posso poupar parte dele e gastar o resto a comprar coisas que me agradem.

- Que coisas?

- Sei lá... as da moda.

- «Se és de modas, não aforras!» – diz o velho provérbio. Um homem rico não é aquele que compra ou possui muitos bens materiais, mas aquele que está satisfeito com os seus bens e com a sua mulher

- Se assim é, estou no bom caminho. Casarei com Mirian, uma mulher impecável. É muito lutadora, estudiosa, responsável e trabalhadora. Talvez não seja muito bonita. É uma rapariga um pouco gordinha e não tem bom gosto em matéria de vestuário. Veste-se como um rapazinho. Mas é dela que eu gosto.

- Talvez tenha sucesso. Conheça melhor a sua alma. Ela é a energia que existe além dos cinco sentidos. Uma centelha divina. Cada alma individual é enviada ao mundo físico com uma missão dupla para cumprir: uma missão geral – pacificar-se com Deus – e uma missão específica. Muitas vezes a alma passa uma vida inteira sem ter a oportunidade de descortinar qual é a sua missão específica, o seu caminho. Nestes casos, não cumpre a sua missão e volta a reencarnar, uma vez ou várias vezes, até que a sua missão seja cumprida e ela obtenha o necessário polimento. Veremos se o Alexander encontrará o seu caminho nesta vida. É tarde. Dou por encerrada esta conversa. Preciso de me recolher. Paz e adeus!

De pouco mais me recordo deste encontro com Baba Madri. Creio que nunca o pude digerir devidamente. No dia seguinte, a minha vida alterou-se bruscamente e durante longos anos vivi como se a conversa com o velho sábio nunca tivesse existido.

CAPITULO VI

A VIDA COMEÇA A SORRIR

No campo de futebol do velho armazém sem teto, defrontavam-se as equipas dos quarteirões A e B, constituídas por rapazes entre os 18 e os 25 anos de idade. Eu vivia no quarteirão B e era centrocampista da minha equipa. De todos os meus colegas era o único que nunca havia estado preso. Na equipa do quarteirão A também existia um jogador sem cadastro criminal. Éramos os únicos jogadores "limpos", sem contatos ainda com polícias, juízes, guardas prisionais.

Apesar deste quadro, importa afirmar que o embate entre estas equipas de delinquentes nunca descambava em violências e batalhas campais. Havia virilidade mas muito respeito recíproco entre os jogadores. Jack "o Zarolho", o principal patrocinador do clube, não admitia zaragatas. Assistia sempre aos jogos, muito atento. À mínima picardia entre os jogadores, sacava da arma que tinha no coldre e desatava aos berros a dizer que matava toda a gente.

Naquele dia, correu mal o jogo para a minha equipa. A sorte não estava do nosso lado. Perdemos o jogo. O espectáculo agradou a Jack e a duas dezenas de espectadores presentes no velho armazém. Entre eles contava-se um forasteiro, desconhecido na rua. Estava impecavelmente vestido e era dono de um físico brutal. Tinha quase dois metros, bigode farto, rosto gordo e passo molengão. A sua faustosa barriga denunciava muitos almoços de negócios e pouco exercício físico.

Ele dirigiu-se-me cordialmente e estendeu-me a mão direita, animado do desejo de me conhecer melhor.

- Muito prazer em conhecer-te, Alexander. O meu nome é Jason Parker, da família dos Parkers. Sou empresário de futebol.

- Muito prazer em conhecê-lo, senhor.

- Podes dizer-me a tua idade?

- Tenho 18 anos feitos no mês passado.

- É uma boa idade. Falaram-me muito de ti. Vim cá de propósito ver um jogo. Não me desiludiste. Tens talento, determinação e amor pelo jogo. Quero que sejas futebolista profissional. Estás disposto a que eu faça de ti um jogador profissional de primeira linha?

- Pois... sim... – balbuciei. – Claro que sim.

- Dá-me algum tempo. Preciso de concluir uma negociação complexa com um clube. É uma negociação que envolve vários jogadores. Vou incluir-te também. Farás alguns treinos à experiência. Estou certo de que agarrarás a oportunidade. É um clube de topo.

- Estou... estou boquiaberto. Valerei o suficiente para atrair o interesse de um clube de topo?

- Eu sei se um jogador vale dinheiro ou não. Nunca tomaste vitaminas – pelo contrário, és um subnutrido – e, porém, corres como um touro, tens força, fôlego e bom peso. Sabes encostar os ombros, dominas bem a bola, driblas e chutas com os dois pés. Estou convencido. Se fazes tudo isto num piso miserável, cheio de covas e relevos, o que evitará que o faças num campo de futebol com um relvado perfeito? Sei o que te digo.

- Há aqui outros jogadores de qualidade! – disse eu. – Viu o avançado que jogou hoje pela nossa equipa e que combinou várias jogadas comigo? Tem boa técnica. E o guarda-redes? É muito jeitoso.

- Não vale a pena tentares impingir-me a equipa toda. Ninguém mais me interessa. O avançado tem bom toque de bola, mas conheço a sua vida. Tenho os meus informadores. Ele tem vários processos criminais em tribunal. A juventude dele está comprometida. Irá passá-la atrás das grades, a fumar drogas e a engordar com a comida da cadeia. Quanto ao guarda-redes, é um trapalhão cheio de gordura que escolheu essa posição porque não sabe jogar em mais posição nenhuma. Na baliza até pode jogar com as mãos, para disfarçar a falta de jeito.

Nesse dia, ao final da tarde, inconsciente dos riscos que corria em matéria de segurança, o Jason parou o seu carrão amarelo em frente do prédio onde eu vivia, acelerando e buzinando com grande estardalhaço. Havíamos combinado ir jantar a um restaurante. Perante os olhares de vários populares impressionados, sentei-me no lugar do pendura, pus o cinto de segurança e enchi-me de orgulho. Nunca antes tinha entrado num carro tão cómodo e veloz. Foi a minha primeira viagem num cavalo alado.

Com um violento chiar de pneus, o carro arrancou a grande velocidade, fazendo muito fumo e devorando o asfalto. Toda a gente veio à janela, comentando o acontecimento. Afinal, o Jason era um homem muito conhecido. Uma figura pública no mundo do futebol. Os jornais digladiavam-se para obterem entrevistas com ele. Num abrir e fechar de olhos, a notícia da minha possível contratação por uma grande equipa de futebol espalhou-se na rua como um rastilho de pólvora.

Chegamos ao restaurante. Um estabelecimento luxuosíssimo que eu jamais supus que existia. Instalações cinco estrelas. Jardim interior. Mobiliário de luxo. Casas de banho douradas. Um exército de criados muito aprumados ao serviço dos clientes. Ao meu serviço também. Nunca havia sido servido em toda a minha vida. Era a primeira vez.

À nossa espera estava a esposa do Jason, de profissão doméstica. O seu nome era Alina. Uma mulher pequena, muito avantajada de coxas e peito, ombros largos e joelhos ossudos. Estava um pouco cansada, com um ar de enfado. Parecia estar com pouca paciência para aturar o frenesim do marido.

O Jason era um frequentador habitual daquele restaurante. Era como se fizesse parte da mobília do mesmo. Os demais clientes já o conheciam. E naquele momento ele andava no restaurante, de um lado para o outro, mostrando que tinha um sentido de humor muito apurado.

- O que é que tem 100 pernas e não anda? – perguntou ele em alta voz, dirigindo-se a todos os presentes no restaurante.

Ninguém soube responder.

- Cinquenta paralíticos! – respondeu às gargalhadas, enquanto entornava a cerveja pela gravata abaixo.

Desde cedo percebi que o Jason era um indivíduo fanfarrão, que temia a palavra "mordaça". A sua enorme cabeça despertava a curiosidade de todos naquela sala e o seu bigode era a base onde assentava um labirinto de galerias com contornos fantásticos.

Sem se deter, ele continuou a monopolizar por inteiro a conversação naquele espaço, explicando como é que certo dia conseguira ir à churrascaria comprar codornizes sem as pagar.

- Mandei vir um frango e depois pedi ao empregado para o trocar por duas codornizes. Virei costas porta afora com elas debaixo do braço e o empregado correu para mim dizendo que eu não pagara as codornizes. Eu disse: "Não paguei as codornizes porque troquei-as pelo frango!" "Mas não pagou o frango!" – disse ele. – "Não paguei o frango, mas também não o levo!". E saí. Ha, ha, ha, ha, enganei-o bem!

Chegou então 'uma travessa de arroz de feijão com vitela assada. O Jason, sempre ele, não se coibiu de meter o polegar da mão direita naquele arroz, para gracejar de seguida:

- Está quentinho, ah, ah, ah!...

No passado, a sua mãe aconselhara-o a abrir um talho. «É um negócio com futuro e fome não passas!» – recordava ele as firmes palavras da mãe quando lhe comunicou querer ser empresário de futebol.

Por momentos imaginei-o vestindo uma bata branca manchada de sangue bovino e com resíduos de pele embutidos nas unhas. O seu único instrumento de trabalho seria um facalhão e os seus problemas não passariam de pequenos contratempos com a freguesia por mais apara, menos apara de gordura.

Meia-noite. O restaurante estava completamente vazio. Faltava a nossa mesa. Estávamos a ser incomodativos. Os empregados permaneciam firmes nos seus postos. À espera. O tempo passava. O Jason mantinha-se sentado, continuando a falar melancolicamente. Não estava bem. Já tinha bebido duas garrafas de vinho.

Engoliu mais um trago e ergueu-se de rompante, avançando com passos mal seguros os parcos metros que o separavam do W.C.. Enganou-se, todavia, na porta. Ecoou o ruído de um autoclismo. Uma funcionária do restaurante saiu como um míssil, muito atrapalhada, fugindo a toda a brida pelo dédalo de corredores que levava à cozinha.

Não foi fácil para mim dormir naquela noite. A minha mente não parou de fazer cenários: o momento em que me tornaria atleta profissional, os meus golos, os meus passes milimétricos. Um garoto de bairro de peito cheio, respeitado pela imprensa planetária, coberto de honrarias e dinheiro. O futebol permitir-me-ia gravar o meu nome na História e ter um grande número de admiradores, uma mulher bonita, um carro novo, uma casa com piscina, roupas caras e dinheiro no Banco. Fantasia ou realidade?

Poucos dias depois, o meu maior desejo concretizou-se. Logo de manhã. O nevoeiro invadia toda a minha rua quando acordei pesadamente, lutando contra um estranho torpor que me invadia, só dele emergindo penosamente. Aproximei-me da janela, procurando reagrupar as ideias, e assim que arregalei os olhos para a rua apercebi-me de algo que me encheu

24

de contentamento. O Jason estava em frente ao meu prédio, acenando efusivamente na minha direcção.

Corri escadaria abaixo, sôfrego e mal penteado. Caí nos seus braços e ele disse-me o que eu queria ouvir.

☐   Estás preparado para viajar comigo hoje mesmo, miúdo? Partiremos à noite. Levar-te-ei para longe. Amanhã farás dois treinos e exames médicos. Serás aprovado pelo treinador. Tenho negócios com ele. A tua vida nunca mais voltará a ser a mesma. Tão cedo não voltarás a ver esta rua miserável.

Senti neste momento um misto de alegria e de tristeza. Pese embora estivesse prestes a cumprir o meu sonho de cruzar as fronteiras da rua rumo a um futuro melhor, começava, logo ali, a ter as primeiras saudades dos meus pais e da Mirian. No mundo poderia haver pais mais ricos, mais bondosos e mais polidos do que os meus; poderia também haver mulheres mais delicadas, mais belas e mais graciosas do que a Mirian; mas aqueles eram os meus pais e aquela era a minha namorada.

Apercebendo-se do meu olhar triste, o Jason, que desde há alguns instantes dava sinais de uma apreensão incontida, não tardou a tomar posição sobre o assunto, num tom brusco.

- Decide, miúdo. Na vida, as coisas são simples. O rico compra e o pobre vende-se. Nada mais lhe resta. Se for orgulhoso ou sensível, vai ser um desgraçado. Sei que é duro despedires-te da tua família, à qual estás preso por raízes de nascimento. A namorada também fica para trás. É triste. Mas acredita que a distância separa as pessoas. Dentro de pouco tempo deixarás de sofrer. Tive já muitas experiências com miúdos que deixaram as suas casas a chorar. A todos tirei da sarjeta. Apareceram-me sujos e eu lavei-os. Não tinham roupa, dei-lhes roupa. Tinham fome, dei-lhes comida. Mas também eu tenho os meus direitos. Os homens são domesticados pela barriga, pela roupa, pela vaidade. Se os tiro da miséria, exijo que joguem bem e que valorizem a sua cotação, sem andarem a chorar pelos cantos com saudades dos progenitores, das namoradas e dos amigos.

Esta argumentação não me convenceu. Não era muito diferente da utilizada pelos proxenetas da rua com as prostitutas em início de carreira. Todavia eu não poderia perder aquela oportunidade. Embalei a minha roupa em dois sacos e despedi-me emocionadamente dos meus pais e da Mirian, que eu chamara entretanto. Chorava por eu ter que partir. Prometi-lhe que havia de voltar rico para casar com ela. Prometi-lhe que um dia varreria a nossa casa. E saí.

Foi assim que parti para uma longa viagem de automóvel, que

atravessou pontes, rios, montanhas e auto-estradas, para só terminar numa grande cidade cosmopolita. Não me arrependi da aventura. Um ano depois, eu era um famoso jogador de futebol, conhecido em todo o mundo e pago a peso de ouro. Concretizara o meu sonho.

CAPÍTULO VII

CHEGAR, VER E VENCER

Assinei um contrato válido por seis temporadas, com uma cláusula de preferência por mais quatro, com um clube altamente profissionalizado, com capacidades e recursos infinitamente maiores do que os do "clubezinho" de amadores e maltrapilhos do velho armazém da minha rua. Passei a fazer parte de uma equipa onde pontificavam grandes jogadores, treinadores, dirigentes, médicos e massagistas. Estava finalmente no mundo das maravilhas.

O relvado do estádio era lindo, parecia um tapete verde da melhor qualidade. Poderia levar ao limite todas as minhas capacidades e habilidades. Não mais cairia desamparado nas linhas laterais sobre tábuas velhas e barris de cimento, nem voltaria a chegar a casa com os joelhos e os cotovelos rasgados. Tinha deixado a miséria para trás.

Lembro-me como se fosse hoje do momento em que conheci o treinador, Anthony Baldwin. Ele abeirou-se de mim simpaticamente no final do primeiro treino.

- Bom dia, Alexander. Muito prazer em conhecer-te. Gostei do que vi. Tens pulmão. Força muscular. Boa técnica. Libertas bem a bola. Não te prendes a ela. Continua assim. Usa a cabeça. O futebol não é só transpiração. É também inspiração e inteligência. Solta a bola, dinamiza o jogo da equipa. A bola corre mais do que os jogadores. E nunca se cansa. Apenas pode perder ar.

- Entendo, senhor. – respondi humildemente.

- Jason Parker falou comigo. Disse-me que confia nos teus dotes futebolísticos. Vou ajudar-te. Farei a minha parte o melhor que sei. Tu farás a tua. A divisão é justa: metade do trabalho para cada um de nós.

- Aceito, senhor. Com muita honra. Farei o meu melhor. Nasci pobre e não sou orgulhoso. Estou aqui para correr 12 horas por dia, se for preciso.

- Não quero que corras tanto tempo. Uma parte do teu trabalho é aprender. Outra é treinar. Outra é descansar. Dar-te-ei a primeira lição agora. O que necessitas tu de aprender com mais urgência?

- Não sei.

- Qual é o primeiro grande segredo dos jogadores que encantam multidões com bom futebol, fintando, tocando a bola, marcando golos? A resposta vai surpreender-te. Precisas de saber apertar as chuteiras! Vamos lá. Olha para mim. A chuteira tem que estar justa e confortável nos pés. É preciso pôr os cordões nesta posição. Agora vê como se apertam. Toma atenção. Assim...

Baldwin era um homem exigente, minucioso e metódico. Todas as semanas distribuía, pelos jogadores, dossiês sobre as características das equipas adversárias. Exigia estudo por parte dos seus atletas. Além disso, tinha um estilo muito peculiar. Para que os jogadores estivessem atentos às suas palestras, cortava as frases ao meio e fazia mudanças bruscas de volume de voz. Por exemplo, se queria dizer aos jogadores para estarem atentos às marcações, dizia em baixa voz «Estejam atentos», e logo de seguida, aos gritos, espumando-se de raiva: «Estejam atentos... às marcações!».

As palestras antes dos jogos eram verdadeiros espectáculos. Os jogadores tinham que esticar as orelhas para ouvirem certas palavras, mas quase fugiam quando o treinador chegava à parte essencial das instruções. De resto, o grito de guerra nunca faltava. «Vamos a eles!» – dizia baixinho, para logo após gritar com toda a força dos seus pulmões: «Vamos a eles como Tarzões!»

Durante os primeiros tempos, procurei treinar o mais afincadamente possível, em busca de afirmação no seio do clube. Tal como todos os meninos da minha rua, nasci para competir nos limites da dor e do esforço. Treinava muito. À noite falava ao telefone, durante horas, com a Mirian, a quem descrevia rigorosamente o meu dia-a-dia. Uma das minhas queixas mais frequentes, que ela sempre escutava com paciência, respeitava à atitude sobranceira dos jogadores mais antigos da equipa, que formavam uma espécie de grupo de élite no qual era impossível penetrar. Mirian chamava-lhes "capitalistas feitos à pressão".

Depois dos treinos, esses jogadores mais antigos almoçavam uns com os outros, em restaurantes de luxo, com muito vinho a correr sobre as mesas, sem que os atletas mais novos pudessem participar de tais convívios. As conversas invariavelmente versavam sobre bons carros e conquistas amorosas.

Bem tinha dito o Jason, numa das suas tiradas sapientes:

- Alexander, os inimigos estão no balneário contigo. Os adversários são os da outra equipa!

Embora a equipa fosse composta por jogadores muito completos e experientes, em pouco tempo ganhei o meu espaço no banco de suplentes e depois obtive a titularidade. Confesso também que o meu empresário ajudou. O onze titular da equipa, ou seja, todos os titulares, pertenciam a três empresários: o Jason e outros dois, que repartiam o bolo de futuras transferências e outros ganhos com o treinador e o director do futebol. Ainda que o clube viesse a contratar verdadeiros craques no mercado de verão, eles não teriam lugar na equipa. Passariam o ano inteiro no banco de suplentes ou a jogar pela equipa de reservas. Isso veio a acontecer.

De qualquer forma, as minhas exibições venceram todas as desconfianças que naturalmente existiam em relação a um jogador sem clube anterior, sem curriculum de espécie alguma. Até a imprensa especializada em futebol se vergou à qualidade que eu evidenciava. Um jovem iletrado que sempre fora um zero na sociedade vencera numa terra nova e num clube onde todos sonhavam alcançar a fama.

Numa entrevista a um jornal, o treinador Anthony Baldwin definiu-me desta forma.

- Alexander é uma autêntica carraça a defender. Enfrenta sempre os adversários com feroz determinação. Ou passa a bola ou passa o homem. Não passam os dois. A atacar é capaz de construir lances magníficos, com a cabeça levantada, bola colada ao pé e boa visão de jogo. Coloca a bola no lugar certo, no momento certo. Quando a bola vem, ele já sabe para onde vai. É um dom. Para além disso, tem um óptimo remate de meia distância, quer com o pé direito, quer com o pé esquerdo, e aparece muitas vezes no interior da área para finalizar jogadas que ele próprio iniciou. É um jogador de topo. Vai ser uma estrela mundial.

Cedo consegui ser convidado para as almoçaradas dos jogadores mais antigos. O estrelato chegara. Comecei a ser perseguido por adeptos apaixonados. As cartas de fãs enchiam a caixa do correio da minha morada. Comprei uma caneta de luxo para distribuir autógrafos e assinar cadernos e diários. Que bom era jogar futebol e ainda ser pago e idolatrado por isso.

O jogo não ia além da uma hora e meia, 90 minutos divididos em duas partes, cronometrados pelo árbitro, a mais débil personagem do terreno de jogo. No meio de 22 guerreiros, 11 para cada equipa, vitaminados e dispostos a comer a relva para ganhar, estava um árbitro de calções e sapatilhas, frágil como um copinho de leite.

Câmaras de televisão estavam distribuídas por todo o estádio, no interior e no exterior. Atrás das balizas, concentravam-se os fotógrafos, que não queriam perder pitada dos jogos. As equipas médicas também estavam atentas, não fosse dar-se o caso de algum atleta se aleijar. Até os apanha-bolas se mostravam nervosos. Cada jogo parecia ser o momento mais importante das suas vidas.

No seio da equipa o palavrão andava sempre de boca em boca. Oh, como ele é importante no futebol! Pode parecer incrível, mas ouvi mais palavrões enquanto joguei futebol do que durante toda a minha infância e adolescência no meio de milhares de bandidos.

No início, os meus colegas de equipa achavam que eu era um palerma. Para eles, ser duro era dizer muitos palavrões e contar histórias picantes. Quando mais tarde ganhei o estatuto de estrela, conquistei de tal forma o respeito dos outros, que eles, quando eu me aproximava, suspendiam as conversas menos convenientes, dizendo uns aos outros: "Aí vem o Alexander, mudemos de assunto!"

Guardo comigo a cassete com o relato, feito na televisão, do primeiro golo que marquei ao serviço do clube. Um pontapé de muito longe, com uma potência assinalável. Os relatadores eram dois. Facciosos ambos. Divididos nesse dia. Cada qual torcia por uma das equipas em campo. Eis a transcrição do relato nos momentos decisivos:

- Senhores telespectadores, estamos no minuto vinte e quatro. O jogo está muito equilibrado. O público puxa pela equipa da casa. Alexander recebe o esférico à saída da sua área. Arranca com velocidade. Levanta a cabeça. Vê a desmarcação de Foxman, mas não lhe endossa a bola. Avança um pouco mais. Passa a linha central e flecte um pouco mais para o meio. Passa por um adversário, passa por outro, ganha velocidade e... É ceifado! É ceifado brutalmente por Michael Green! Que falta tão feia!

- Não me pareceu falta, colega! – disse o outro relatador.

- Como não? Foi uma falta descarada. Alexander foi ceifado. Ficou lesionado inclusivamente. Veja como ele se contorce com dores.

- Pareceu-me claramente uma simulação de falta. Alexander abusa um pouco nestes lances. Trata-se de um bom jogador, mas algo fiteiro. Esperemos pela repetição da televisão.

- Ei-la então, a repetição. Alexander faz a primeira finta, faz a segunda e, quando vai a esgueirar-se pelo corredor central – agora, neste momento, aqui! - é literalmente abalroado, a pés juntos por dois adversários. Uma falta evidente. Falta para cartão. Veremos o que faz o árbitro. Ele tem um cartão na mão. Será o vermelho?

- Vermelho? Vermelho para quê, colega?

- O quê?! O árbitro mostrou apenas um cartão amarelo a Michael Green. Não andou bem o árbitro.

- Tenho uma opinião contrária, colega. Considero que, no mesmo lance, o árbitro cometeu dois erros. Marcou uma falta inexistente e ainda penalizou um atleta inocente.

- Entende-se que o árbitro não queira estragar o jogo. Ainda estamos na primeira parte.

- Vejamos novamente a repetição no monitor, colega. Ó, cá está ela! As imagens demonstram que tenho razão. Alexander conduz a bola... neste momento faz a segunda finta e, apercebendo-se que vai ser desarmado de forma limpa, salta ligeiramente sobre o adversário e atira-se para o relvado. Há um mínimo contacto, por parte do defesa, mas é um contacto inevitável dada a velocidade da jogada. Vou mais longe. Não me parece que o contacto tenha tido a intensidade suficiente para derrubar o jogador.

- Como não? Alexander ainda está no chão a ser assistido pela equipa médica.

- É natural que tenha caído mal. Tem que aprender a cair melhor.

- Desculpe dizer-lhe, mas você não percebe nada de futebol. Só neste país é possível um relatador negar uma falta tão evidente.

- O colega está a referir-se a mim? Tenha vergonha! Num país em condições, não haveria relatadores tão parciais como o colega. Vou fazer queixa de si aos accionistas do canal. Fique sozinho a fazer este relato. Vou-me embora. Peço desculpa aos senhores telespectadores, mas não aturo este malcriadão. Voltarei em breve. Adeus.

- Peço desculpa aos senhores telespectadores por este espectáculo lamentável. Há quem pretenda substituir os jogadores no papel de figurantes do jogo. Pois... enfim... vejamos... Todos nós temos direito a dias menos bons. Bom, o jogo prossegue. O massagista sai já do campo. Alexander levanta-se finalmente. Coxeia um pouco, mas parece querer marcar o livre. E vai se ele a marcar. Está a uns bons 40 metros da baliza. Pega na redondinha. Talvez tente bater directamente. No último jogo, tentou o remate de tão grande distância e por pouco não marcou golo. Tem um remate fortíssimo este jovem atleta! Mas o guarda-redes Obama não parece temer nada neste mundo. Ele faz com os braços o gesto de que não quer barreira. Trata-se de um gigante na baliza. Tem 1 metro de 94 centímetros. E mãos de ferro. O momento é solene. Alexander toma balanço. Recua um, dois, três, quatro, cinco passos. Parece concentrado. Bate duas vezes com a biqueira da bota no chão. Vai tentar directo. Os adeptos torcem as mãos, nervosos. Não é caso para menos! Alexander parte para a bola, atira... é um petardo formidável... gooooolooo, gooooolooo, é um golaço de Alexander! Goooooooooooooooooooooloooo!

Este foi o melhor período da história do clube, que entrou numa senda de vitórias fantásticas que encheram de orgulho os seus milhares de adeptos indefectíveis, enriquecendo de forma grandiosa a história de sucessos da própria cidade. Os adeptos diziam-se enlouquecidos pela possibilidade de novas retumbantes vitórias. Nos dias dos jogos, entupiam, desde cedo, as vias de acesso ao estádio. Não tinham frio, nem fome. Nada disso importava. Só queriam ver os seus ídolos a correr, a fintar e a marcar golos na baliza da equipa adversária.

O parque de estacionamento do estádio da nossa equipa parecia uma feira de carros de luxo. Os seguranças do clube não deixavam estacionar naquele perímetro nenhum carro modesto. Encostados ao fundo, estavam 20 automóveis de média gama que o patrocinador oficial do clube tinha disponibilizado para os jogadores. Estes não queriam aqueles carros, nem para eles próprios, nem para as suas mulheres. Só queriam super-carros, que pudessem pintar, como bólides de corrida, com os respetivos nomes na porta, quais pilotos de rally!

Recordo-me do dia em que abri uma conta bancária, a primeira da minha vida. Em pouco tempo, ficou gorda. Tanto dinheiro. Não sabia em que o gastar. Mirian dizia para o guardar. Pedi conselhos aos meus colegas de equipa. Desatei a comprar casa nova, carros, roupas, relógios, tantas coisas!

Saí do stand acelerando um Ferrari amarelo, tornando-me um alvo ainda mais apetecível para as mulheres vistosas, sensuais e provocantes que cercam o mundo do futebol. Lindas, encorpadas e desejadas. Não lhes via gordura, nem chocolates na carteira, nem discursos políticos complicados, nem cabelo seboso. Tudo nelas era encantador. Qual delas a mais atraente! Qual delas a mais tentadora! Árvores transbordantes de frutos sumarentos à mão de serem colhidos. Por mim.

A Mirian, os seus quilos a mais e as suas roupinhas de rapaz não resistiram a tantas beldades. Contra todos os meus planos anteriores, do dia para a noite quebrei o noivado com ela e casei com a manequim profissional Joanna Pasteur. Mais adiante narrarei a dupla tragédia a que esta minha opção veio a dar lugar.

No final do primeiro ano, a equipa sagrou-se campeã nacional. A Joanna logo entendeu que o meu ordenado deveria sofrer um aumento considerável. Telefonei para o Jason e marcamos uma reunião com o presidente do clube. Os três.

O presidente Bartholomew era tido como um negociador implacável, com resposta para tudo, ao passo que a Joanna era uma criatura que não respeitava conveniências, nem de atitudes, nem de maneiras. Com o verbo fácil e o calão na ponta da língua, estava sempre disposta a ameaçar e a encher de insultos quem a contrariasse, fosse quem fosse, fosse onde fosse, em casa, no cabeleireiro, na sapataria, no restaurante ou mesmo numa esquadra da polícia.

Supus naturalmente que o Jason capitaneasse aquela reunião. Mas a Joanna não deixou. Ela própria tomou a palavra, dirigindo-se em maus modos ao presidente.

- Bom dia, o Alexander ganha uma miséria. Tem que ser aumentado pelo menos para o triplo. A equipa conquistou o campeonato nacional graças às exibições dele.

- Nada mais falso – disse Bartholomew. – Na nossa equipa jogam 16 atletas, suplentes incluídos, não apenas o Alexander. Ele não ocupa o campo todo. É um grande jogador. Respeitamo-lo muito. Mas o seu sucesso deve-se também aos seus companheiros de equipa. Nenhum deles reclamou mais dinheiro.

- Se o clube não aumentar o ordenado do Alexander, ele procurará um novo clube. Neste país ou no estrangeiro. Não falta quem o deseje.

- Impossível. O Alexander tem mais 5 anos de contrato – impacientou-se o presidente.

- Rescindiremos o contrato de forma unilateral.

- Com que argumento, Joanna? Não podem fazer isso.

- Não interessa o argumento. O nosso advogado inventará um argumento qualquer.

O Jason tentou intervir neste instante.

- Cara Joanna, não está a ser totalmente justa com o senhor presidente. Na verdade...

- Esteja caladinho – respondeu a Joanna. – Hoje você não pia! Quero justiça para Alexander!

- Neste país, há leis – disse o presidente. – Neste clube, há regras. As coisas não funcionam como pretende.

- Em última instância, o Alexander recusar-se-á a jogar. Ganhará o mesmo ficando deitado ao sol na piscina de nossa casa. Para quê jogar? Não brinque connosco!

- Por favor, tenha juízo. O que me diz não faz sentido!

- Tenha juízo você. Veja-se ao espelho! Um devasso de fato elegante e sapatilhas chiques não deixa de ser um devasso. Vou sair daqui aos gritos a dizer que você anda envolvido com a mulher do treinador. Tenho provas! Fotografias! Advirto-o de que estão jornalistas junto do elevador. Eu conto-lhes tudo. Decida. Dou-lhe dois minutos para isso. Nem mais um segundo.

A Joanna proferiu estas palavras apontando nervosamente uma esferográfica ao rosto do presidente. E fê-lo com uma tal fúria, que ele deu um pulo para trás, como um gato assustado. Eu e o Jason estávamos petrificados e não perdemos uma palavra desta tempestuosa conversa.

Tudo acabou em bem. Eu e a Joanna saímos da reunião com um contrato assinado que previa um aumento de ordenado para o dobro e aumentos anuais faseados a partir do ano seguinte. O Jason ainda ficou mais uns minutos a falar com o presidente, creio que a pedir-lhe desculpa pelo descambar de uma reunião que ele nunca desejara. Depois desta cena, nunca mais o presidente aceitou reunir com um futebolista na companhia da mulher.

As propostas de outros clubes, nacionais e internacionais, interessados na minha contratação, começaram a chegar. O Jason logo me disse que duas das propostas eram irrecusáveis e que eu tinha que sair. Mas quando reuniu com o presidente, mudou logo de ideias. Fiquei com a sensação de que quem melhorou o seu contrato com o clube foi ele e não eu. Cheguei a pensar em pôr a Joanna a par das minhas suspeitas. Ainda bem que não o fiz. Ela teria cravado as suas unhas compridas na cara balofa do Jason.

Vários foram os contratos de publicidade que assinei ao longo dos anos. Nas sessões de fotografias, o Jason ficava normalmente atrás de um biombo, espreitando e dando orientações mais ou menos absurdas – «Muito bem, Alexander!», «Boa foto, melhor do que a anterior!» –, orientações que lhe permitiam cobrar cerca de 30% do valor de cada contrato.

A Joanna também gostava muito de dinheiro. Quando se apercebeu da percentagem que o Jason cobrava pelos contratos, enfureceu-se e atirou-se a ele como uma leoa.

- Seu malandro, seu explorador, está a roubar o pão da nossa casa!

- Mas fui eu que arranjei o contrato! – disse o Jason indignado.

- Não o vejo a ser fotografado. Você é feio e gordo. É o meu Alexander que toda a gente quer. Que você ganhe 1% deste contrato de publicidade, eu ainda aceito, mas 30% é uma enormidade! Não, não e não!

- Pois muito bem, Joanna. Não voltarei a arranjar contratos de publicidade para o Alexander. Já tinha mais três em carteira. De valores chorudos. A decisão é sua.

- Retiro o que disse! – disse a Joanna. – Você pode ganhar 30%.

CAPITULO VIII

FRAQUINHO OU GLADIADOR?

Pela minha forma de estar em campo, pela vontade de vencer que sempre demonstrava, pela maneira galharda como disputava as jogadas, exortando os meus companheiros de equipa de forma enérgica, foi-me dada a alcunha de "O gladiador". Embora esta alcunha me tenha sido atribuída no seio da equipa, a comunicação social, sempre disposta a utilizar palavras sensacionalistas, prontamente aderiu. Notícias sobre a minha pessoa espalharam-se pelo universo inteiro. Nas capas dos jornais, apareci desenhado, extraordinariamente musculado e majestoso, segurando um escudo, numa pose épica que empolgava as multidões.

O treinador não me largava, incitando-me mais e mais.

- Alexander, as bolas no meio campo têm que ser tuas! Têm que ser todas tuas, altas ou não, divididas ou não, seja o duelo com quem for, sejam em que campo for! Percebes? Têm que ser tuas! Tu és "O gladiador"!

- Há adversários que saltam a jogar com os cotovelos – disse eu. – Tenho que me defender! Não posso olhar apenas para a bola.

- O árbitro e a televisão estão lá para ver! Eu estou no banco para gritar com o árbitro se for preciso! Mete sempre a cabeça à bola! Não tenhas medo. A bola não é uma bomba. Ela não te vai rebentar na cabeça. Não desistas! Nunca!

- Assim farei.

- No meu tempo de atleta, era tudo muito pior. Não havia vedações, nem polícia, nem televisão, nem árbitro digno desse nome, nem ambulância. O chão parecia cimento. Os jogadores eram cuspidos durante todo o jogo pelos adeptos da equipa adversária. Ninguém queria jogar nas linhas laterais. Cheguei a levar com um ferro na cabeça quando tentei fazer um cruzamento da linha de fundo. Outro atleta levou uma naifada. Agora, não. Os estádios estão cheios de polícias e seguranças. Oferecem uma barreira de protecção entre os jogadores e o público. A televisão está em cima dos prevaricadores. A relva é um tapete fofo. As caneleiras são de boa qualidade. As bolas cada vez mais leves. Tantas coisas. É fácil jogar assim! Sem medo! Sem medo, Alexander!

Sonho ainda hoje com o estádio repleto de espectadores em êxtase, aplaudindo os meus desarmes aos adversários, os meus passes milimétricos e os meus golos. Uma figura pública no apogeu da sua fama, poder e riqueza. Vivia com um sentimento de superioridade que não se manifestava apenas em relação aos jogadores das equipas adversárias, mas a toda a humanidade. Um sentimento baseado em pontapés na bola e na exibição de roupas, carros, casas, férias, relógios e óculos de sol. Tinha até uma mulher soberba, manequim reputada.

Nos dias de jogos, o autocarro da equipa, sempre seguido de perto por carros da polícia e helicópteros de canais de televisão, estacionava no parque do estádio onde se iria disputar o jogo. Os adeptos, ao fundo, controlados por um forte cordão de seguranças, exultavam de alegria, quando o jogo era no nosso estádio, ou vibravam de raiva. Eu costumava ser o primeiro jogador a sair do autocarro, logo atrás do presidente e do massagista. Fazia-o com um ar petulante, gel no cabelo, heathphones gigantes nos ouvidos, qual deus em fato de treino.

Os repórteres fotográficos andavam à minha volta como varejeiras, procurando os melhores ângulos para me fotografarem. As câmaras de televisão seguiam os meus passos com dedicação, transmitindo para o país e o mundo a imagem de um futebolista alucinado, com falta de gosto, a quem nada parecia interessar para além de contratos, golos, penteados, música pop e dinheiro mal gasto. Recordo-me que um dia enchi o peito de tal forma que quase caí para trás.

Tinha que lidar diariamente com adeptos em júbilo com os feitos imortais que a equipa estava a realizar. Havia uma idolatria infinita em torno da minha pessoa. Um dia, os meus sapatos roxos rasgaram-se e decidi ir ao shopping comprar outro par. Entrei numa loja e, antes mesmo que conseguisse chegar ao balcão de atendimento, voltei a sair, levado em ombros, como se leva um toureiro numa tarde triunfal, por uma dezena de fãs, que me agarraram e atiraram ao ar, cantando a mesma música que sempre cantavam no estádio: "Gla, gla, gla, gladiador!, Gla, gla, gla, gladiador!".

O adepto típico, o fanático, não queria saber se, em certas alturas, eu andava preocupado e doente, ou com saudades dos meus pais, ou se a minha mulher andava a prejudicar o meu descanso fazendo noitadas a destruir o meu dinheiro, ou se falsos amigos não paravam de fazer chantagem comigo, ou se vizinhos invejosos me haviam riscado o carro. Tudo isso, e muito mais, fazia parte do meu dia-a-dia e afectava o meu espírito e o meu rendimento. Mas o adepto não queria saber se eu tinha outra vida para além do rectângulo de jogo. Para ele, eu era apenas uma máquina que deveria jogar sempre da mesma forma, com a mesma força, com a mesma velocidade, com a mesma técnica, com o mesmo estado de espírito.

Não gozava de paz em sítio algum, nem sequer em casa. Uma vendedora de bandeiras instalou-se em frente da minha moradia, fazendo o seu negócio. Creio que ela sempre tivera aquela profissão. Pelo menos, tinha cara e corpo disso. Quando eu entrava ou saía de casa, ela gritava com uns pulmões potentes: "Foooorça, Alexander! Foooorça, gladiador!"

Quantas vezes me vi metido em arrufos com paparazzi. Eles seguiam-me por todo o lado. Estacionavam defronte da minha casa e sabiam de todos os meus passos através da vendedora de bandeiras. Depois deitavam o banco do automóvel para trás e ali ficavam, à coca, esperando uma boa oportunidade para fotografar. Bastava eu cumprimentar uma vizinha, num acto de boa educação, e logo surgiam manchetes com títulos como "Apanhado!", "Novo romance!", "Gladiador trai Joanna!", etc..

A exposição exagerada gerava em mim um grande desgaste emocional. Tudo fazia para não cair em desgraça perante a imprensa. Tomava vitaminas em quantidades industriais e procurava mostrar em campo as boas actuações que me haviam garantido o estrelato e a boa fama. Não tinha tempo para respirar e viver. A fama tornou-se um pesadelo sem fim.

O Jason várias vezes me deu conselhos sobre a relação que eu deveria manter com os adeptos e com a imprensa.

- O caminho da multidão é o caminho dos bois. Sorri por conveniência, mas sai da frente deles. De contrário, arrancar-te-ão os cabelos para deles fazerem relíquias ou para os queimarem, dependendo do momento.

As conferências de imprensa em que participava, por vezes com uma respiração ofegante, consequência de correr quilómetros durante um jogo, eram espectáculos absolutamente deprimentes. Não sabia alinhavar duas ideias, nem detinha habilidade para me expressar conforme desejava, sendo manifestas a incoerência das falas e a falta de lógica em todos os assuntos sérios.

Não existia uma só das minhas respostas que não proviesse de uma ignorância qualquer. Havia um som característico que me servia sempre, como uma fórmula algébrica, para responder a todas as perguntas dos jornalistas: hãããããããã. A este ruído selvagem acrescentava depois qualquer coisa sem importância, por exemplo "Só a vitória interessa", "Vamos jogar para ganhar", "Queremos conquistar os 3 pontos", "É preciso levantar a cabeça e pensar no próximo jogo", etc..

Conheci um jornalista veterano que era especialista em fazer longas e interessantes entrevistas aos jogadores menos dotados intelectualmente. Entrevistou-me várias vezes. Fazia perguntas com frases longas, inteligentes e bem construídas, a que eu respondia "sim" ou "não", e depois ele colocava todas as palavras das perguntas na minha boca. Quem leu essas entrevistas nos jornais, ficou defraudado. Aquelas longas e estruturadas respostas não tinham sido ditadas por mim, como é lógico.

Um outro jornalista, um dia, já transpirado, perdeu a cabeça comigo e disse-me que ia abandonar a sua profissão.

- Chega, chega! Estou farto de fazer este trabalho! Tinha razão a minha mãezinha! Só lido com brutos! Não que todos os homens tenham que ser pensadores, mas tanta pobreza intelectual também é demais! Deixo hoje mesmo de ser jornalista desportivo!

- Mas – disse eu, procurando demovê-lo – pense na beleza do jogo, nos estádios cheios, nos muitos golos que poderá ainda relatar até ao fim da sua carreira.

- Nem me fale nisso. Estou farto de criancices. Já viu o que vocês, jogadores, fazem quando marcam golos? Têm noção do ridículo? Não tenho idade para aturar miúdos que correm com a camisola a fazer de ventoinha ou que se põe a fazer poses artísticas ou que se põem a andar de gatas pelo relvado, imitando cãezinhos. Aarrgghh...

- Muitos doutores participam em programas de televisão em defesa dos seus clubes do coração. – disse eu para defender a minha profissão.

- Nem me fale nisso! – disse ele – É o cúmulo do ridículo!

- Mas porquê? Não têm conta os programas de televisão com painéis constituídos por adeptos dos melhores clubes do campeonato.

- Que miséria! Uma espécie de guerreiros sentados. Firmes na sua devoção, firmes também nas suas cadeiras nos estúdios, andam praticamente à pancada uns com os outros, em directo, vendo e revendo as imagens de lances de penalty, lembrando "casos" de jogos anteriores e interpretando foras de jogo e cartões amarelos sempre de encontro aos interesses dos seus clubes. Se os adeptos de um clube a tudo dizem que sim, os adeptos dos outros clubes a tudo dizem que não, sem haver por parte deles qualquer respeito pela moral e pela verdade. Em alguns momentos chegam ao ponto de se agarrarem pelas gravatas na defesa dos seus pontos de vista. Adeus Alexander. Adeus mundo medonho. Sinto-me finalmente livre. Adeus.

Foi um dia triste para mim. Senti-me humilhado. Mas não culpado. Tivera uma infância e uma adolescência semelhantes às de um cão rafeiro. Qualquer indivíduo posto em cima dos meus sapatos, seria exactamente igual ou pior. Provavelmente teria sido preso ou morto.

Muitos daqueles que têm reputação de homens cultos no mundo moderno não conseguiriam jamais sobreviver no submundo. Falta-lhes cultura para isso. Não sabem o que é dividir um bife por semana ou sonhar todas as noites com chamas, fogo e gritos. Não sabem o que é fintar a morte prematura e as doenças que brotam implacáveis em lares miseráveis. Não conhecem a sensação de vitória que é respirar ar que não cheira a lixo, comer o pão da manhã e vestir roupa quente.

Sei tudo isso. É a minha cultura. Uma cultura específica. Nada disto jamais me foi perguntado por jornalistas e entrevistadores. Todas as perguntas andavam à volta da bola, do jogo, da equipa, em última instância do estado do relvado. Que poderia dizer eu? O que diria uma filósofo de nomeada? Nada de jeito há para dizer.

Certo dia, o Jason teve comigo uma conversa que não mais esqueci.

- Acusam-te de não teres cultura. Deves ignorar quem te ofende. Nasceste na desgraça e és hoje tão popular quanto as estrelas da política, do cinema, da música e doutros campos relevantes da actividade humana. O povo precisa de ti, Alexander. O povo não quer só pão. Precisa de circo também. Os políticos tratam do pão, em regra mal. E tu tratas do circo, em regra bem. Que vales tu para a sociedade? Muito. O teu trabalho é chutar a bola e alegrar a malta. Os homens da cultura têm pena de não ser futebolistas. Estão completamente falidos no mundo de hoje, rezando para que alguém como tu lhes atire umas moedas para cima da mesa. O mesmo acontece com advogados, médicos, engenheiros, arquitectos. Ser-te-iam fiéis, em troca de um punhado de notas. A estrela és tu, não eles. Parabéns, tens o mundo a teus pés!

- O dinheiro não é tudo na vida. E aliás há homens muitíssimo mais ricos do que eu.

- Pois há. Mas qual é a vida deles? É comprar por dois, para vender por três. Não há exercício mais banal do que este. Qualquer estúpido pode fazer isto. É uma questão de sorte, jeito e oportunismo, que sorri a alguns. Tu fizeste muito mais do que comprar barato e vender caro. Vieste do submundo cheio de fome e graças à força muscular e à inteligência física tornaste-te um homem conhecido à escala planetária! O resto são histórias...

A minha mente navegou numa confusão tremenda durante toda a minha carreira. Não sabia se era "O fraquinho", "O gladiador" ou ambos. Era, sim, um ídolo de massas cheio de limitações trazidas da minha rua e com uma total falta de preparação para lidar com o dinheiro em demasia, a aproximação de pessoas interesseiras e a notoriedade excessiva.

CAPITULO IX

SUPERSTIÇÕES E GALINHAS

Um certo dia, correu o rumor de que uma equipa adversária tinha mandado enterrar um sapo vivo no relvado do nosso estádio. Num mundo normal, tal facto mereceria, quando muito, um simples encolher de ombros. Mas não no futebol. Um simples batráquio pode fazer com que se gastem milhões.

O presidente, muito supersticioso, logo mandou revolver todo o relvado, transformando-o num enorme batatal. O corpo do pequeno animal não apareceu e foi necessário colocar, em tempo recorde, um novo tapete de relva. Vim mais tarde a saber que tudo não passou de uma maquinação da Joanna, que pôs a circular um boato falso.

Também os jogadores eram muito sensíveis quando o tema era sorte, azar, bençãos e maleitas. Entravam sempre com o pé direito no estádio e usavam amuletos acondicionados nos calções ou na camisola. Quem lhes pusera essas manias na cabeça tinha sido Archibald, o massagista. Eu próprio cheguei a jogar com uma pata de coelho na caneleira.

O massagista chegou a dizer no balneário que tinha o dom sobrenatural de desviar a bola com o olhar. Um dia, a equipa adversária atirou a bola à trave da nossa baliza e ele começou a saltar de alegria no banco de suplentes.

- Yes! Fui eu que evitei o golo! Yes!

Nos dias de jogos, a namorada do massagista, alta como ele, mas muito mais gorducha e peituda, costumava fazer-se acompanhar de uma galinha preta. O papel da sinistra ave era estar por trás da baliza da equipa adversária. Ao intervalo, quando as equipas trocavam de campo, a namorada do massagista e a galinha saiam do estádio e voltavam a entrar pelo lado contrário, enfeitiçando todo o ambiente à volta do jogo.

Os jogadores adoravam o massagista. E atribuíam-lhe muito mérito em certas vitórias. Um dia, antes de um jogo com uma equipa muito forte, Archibald usou de uma manobra engenhosa para nos favorecer. Conseguiu fintar a atenção de toda a gente e, com a agilidade de um símio, entrou no balneário da equipa adversária e roubou as chuteiras dos jogadores. Foi um escândalo. Durante um mês a imprensa não falou noutra coisa.

Os jogadores adversários acabaram o jogo com uma derrota pesada e muitas bolhas de água nos pés, por haverem utilizado chuteiras novas compradas à pressa numa loja da especialidade. No nosso balneário, pelo contrário, reinou a alegria e saltaram as rolhas das garrafas de espumante. Archibald foi levado em ombros e atirado ao ar.

A relação entre o treinador e o massagista não era nada amistosa. Archibald envolvia-se amiudadas vezes na esfera de competências do treinador e, não podendo ser ele a fazer o onze titular directamente, tentava fazê-lo indirectamente, orquestrando intrigas a tempo inteiro, ao ponto de criar "grupinhos" que inviabilizavam o espírito colectivo que o treinador se esforçava por criar.

Antes dos jogos era costume o treinador espalhar sal grosso no balneário para afastar más energias. O massagista achava isso uma maluqueira, uma superstição sem sentido. Confiava cegamente na galinha.

Para azar do treinador, que queria expurgar o massagista do seio da equipa, este tinha uma forte relação de amizade com o presidente do clube, outro fanático dos amuletos. O "ele ou eu" não funcionava.

Um dia o caldo entornou durante um jogo. Depois de o treinador ver um dos defesas, amigo íntimo do massagista, entrar como um tanque sobre o avançado adversário, provocando a sua saída em maca, comentou em voz alta, dirigindo-se ao adjunto Sam Gere:

- É o que dá os nossos jogadores jogarem com ferraduras! Estou farto de macumbeiros por perto!

O massagista percebeu que a crítica era dirigida à sua pessoa. E respondeu.

- Queres alguma coisa? – disse ele ao treinador. – Nada percebes de boa sorte. Vai trabalhar, malandro!

Os adeptos que se encontravam, atrás da rede, junto ao banco, largaram todos à gargalhada. Até o quarto árbitro achou graça, ele que, conhecedor do clima de crispação entre treinador e massagista, se deixara ficar por ali por perto à escuta.

Os dois contendores encostaram os peitos e começaram a insultar-se mutuamente. O bate-boca não terminou do melhor modo. Agressões físicas tomaram lugar. Já ninguém no estádio olhava para o que se passava no relvado. O "jogo" agora era outro. No banco. A cena de pugilato entre os dois homens só sanou com a chegada da polícia, que levou o treinador e o massagista para a esquadra.

A maior vedeta da equipa era o Foxman, apesar de, em certos momentos, a imprensa desportiva atribuir uma cotação maior à minha pessoa. O seu drible foi um dos dribles mais espantosos que já presenciei. Inigualável na disputa de cada lance de jogo, ele era a imagem da garra, da energia, da impetuosidade. Poderosíssimo a jogar com os pés e no jogo de cabeça, era capaz de enfrentar qualquer dupla de centrais do mundo. Uma força da natureza. Um prodígio também.

Em criança, Foxman costumava correr nu como um coelho por eiras e bosques. A roupa incomodava-o. Não sabia lidar muito bem com ela. Talvez por isso, ficava a dever muitos pontos à higiene. Digo isto com provas. Quando ele chegou para reforçar a nossa equipa, era novo na cidade e nada conhecia. Por diversas vezes dei-lhe boleia. Que suplício! Da sua roupa evaporava-se um intenso odor de húmus e podridão, obrigando-me a lutar desesperadamente contra esse inesperado antagonista. Ele tinha origens aldeãs, era um sujinho, e talvez nunca tivesse procedido à minuciosa limpeza da sua pessoa.

Um dia o capitão da nossa equipa chamou um grande número de jogadores ao balneário e procurou consertar uma estratégia para todos em conjunto convencerem o Foxman a lavar-se melhor e a usar desodorizante. O plano não chegou a ser posto em prática. O massagista, informado do que se tramava, avisou toda a gente que Foxman jamais poderia cheirar bem, sob pena de a equipa começar a perder os jogos todos. A equipa, temerosa, passou a suportar melhor o odor do colega.

CAPITULO X

VIVER PARA CORRER E DORMIR

O médico da equipa aparecia muitas vezes no balneário e exibia aos atletas, pela milésima vez, uma farta lista de alimentos proibidos e outra, pequena, de coisas que podiam comer. Para a rapaziada jovem, cheia de vontade de provar todos os pratos, não era agradável estudar aquela lista.

Outras vezes, aparecia o treinador, com um ar sisudo, queixo apoiado na mão direita, também preocupado com a saúde dos atletas, mas por motivos diferentes. O que o preocupava eram as saídas à noite. O rendimento dos seus pupilos poderia ser gravemente afectado com noitadas e vícios nocturnos.

Alguns jogadores ficavam com as pernas a tremer. Sabiam estar a ser investigados. Toda a cidade estava nas mãos do treinador e dos dirigentes do clube. Detectives, seguranças e elementos da claque seguiam os jogadores a tempo inteiro, todas as horas. Não havia boite que não tivesse informadores contratados. O mesmo se passava nos casinos, nos restaurantes e no mundo das prostitutas de luxo.

Os dirigentes eram prontamente avisados sempre que um jogador andava a divertir-se de noite afrontando as regras estipuladas pelo clube. Por vezes mandavam bater-lhe. Quando o prevaricador chegava a casa, madrugada alta, a cheirar a fumo e a álcool, levava meia dúzia de bofetadas por parte de encapuzados, contratados pelo clube, que estavam ali a fazer-lhe uma espera. Apesar de ganharem bem menos do que os craques, os misteriosos encapuzados tinham a missão de os molestar nestas ocasiões, naturalmente sem provocar grandes lesões nas suas vítimas, que valiam milhões.

Havia outro método complementar que o clube utilizava. Sam Gere, treinador adjunto, estava incumbido de visitar, à noite, as casas dos jogadores, para verificar se eles ali se encontravam. Andava sempre munido de um bloquinho e uma esferográfica, para apontar tudo o que fosse digno de registo. O rendimento desportivo dos atletas não poderia ser prejudicado com devaneios da mocidade.

Esta insuportável personagem representava um verdadeiro terror para mim. Costumava passar em minha casa a hora e dia incertos. Como um guarda prisional, voltava sempre. Pelo menos dois dias por semana. Às vezes três. Quatro até. Eu nunca sabia quando. Podia vir no domingo, na segunda-feira, na terça-feira, qualquer dia da semana, sempre com a mesma diligência, sempre com a mesma cara de controlador, sempre vestindo o mesmo fato de treino, sempre agarrando o mesmo bloco e a mesma esferográfica. Quantas vezes desci de pijama a escadaria da minha casa, bocejando e esfregando os olhos, só para ele me ver.

- Sim, estou em casa! – dizia eu ao abrir o batente da porta. – Já estava a dormir. Acordei com o toque da campainha. Por favor, evite vir aqui muitas vezes. Obrigado.

"Hi. hi, hi" – ria-se ele baixinho. Parecia um fantasma. Um fantasma de sorriso cínico. A sua arma era o bloco. Quando ele girava os calcanhares e ia embora, eu voltava para a cama resmungando entre dentes. Pelo menos tinha a certeza de que o meu nome não seria sublinhado a vermelho.

Uma noite consegui escapar-me. Apostei que Sam Gere não passaria nessa noite. Ganhei a aposta. Não passou. E eu fui espairecer. Bem precisava. A equipa tinha perdido o jogo no fim de semana anterior e a imprensa desportiva tinha desferido críticas corrosivas em relação à minha actuação. O meu espírito perturbado não me deixava dormir. Também a Joanna estava fora de casa, pois tinha tido uma passagem de modelos nesse dia e resolvera sair de noite com profissionais da moda, algo que infelizmente ela era useira e vezeira em fazer.

Saí de casa com mil cuidados, conduzindo lentamente e com os faróis apagados. Atravessei com sucesso o primeiro quarteirão, o segundo, o terceiro. Já nada evitaria a minha aventura. Havia que aproveitar a boa sorte. Uma espécie de fuga da prisão. Precisava realmente de me divertir um pouco num bar. Aquele dia valia ouro.

Conduzi mais de uma hora por uma estrada sinuosa bem distinta das grandes vias rodoviárias. A longa marcha de curvas e contra-curvas fez-me sentir um piloto de fórmula 1. Acabara de meter pneus novos no bólide. A aderência à estrada era espantosa. Os pneus valiam bem o dinheiro gasto. Que dinheirão! Um cidadão comum nunca poderia meter tais pneus no seu carro.

Parei o carro num parque de estacionamento de um bar de aldeia, com muita música, bebida e animação. Abandonei o automóvel. Estava irreconhecível. Tinha comprado um bom disfarce uns tempos antes: cabelo, barba e um casaco amarelo. Coloquei-o o melhor que pude. Levava também um chapéu de abas largas a cobrir-me a cabeça.

Ninguém me reconheceu no bar. Empregados e clientes passavam por mim com indiferença, como se eu fosse um cidadão anónimo. Quanto se enganavam! Ali estava Alexander Baum, o famoso futebolista, disfarçado, muito bem disfarçado.

Risonho e feliz, bebi uma cerveja, depois outra e outra ainda, acompanhada de amendoins. Depois, tomei um café, a seguir outro. E voltei a pedir mais cerveja. Que bem se estava ali! Que aventura! Um jogador famoso conseguira escapar ao controlo dos informadores espalhados pela cidade e do bloco assassino do treinador adjunto.

Aproximou-se de mim um velho bastante alcoolizado e acometido de imensa gaguez, que abancou ao meu lado e dirigiu-se-me com hálito de bagaço, levando um tempo enorme para dizer o que queria.

- Olá... olá jovem. Por... por... porventura posso... posso sentar-me ao seu lado? Obrigado. É muito... é muito simpático. Vejo que... vejo que é um forasteiro. Não costuma vir... não costuma vir aqui. Se viesse... se viesse aqui muitas vezes... eu conhecia-o. Conheço... conheço este bar... como as palmas... como as palmas das minhas... das minhas mãos. Eu... eu fui... um homem... um homem muito... muito bonito... As moças... as moças... as moças gostavam... gostavam de mim. Elas... gostavam... gostavam de mim. Eu era... giro. Eu... era mesmo giro. E elas... elas... elas gostavam... de mim. Tinham... tinham bom gosto. Pelo menos... pelo menos... pelo menos é a minha... a minha opinião. Eu não era... Eu não era nada... nada de deitar fora. Vejo que... vejo que se espanta. Venho... venho a este... a este bar... há muitos anos... há 20 anos... Não, há 30 anos... Não, enganei-me... há 40 anos. Não, não.... enganei-me outra vez. Eu venho... eu venho aqui... venho aqui há 50 anos. Talvez mais... Deixe-me... deixe-me pensar. Eu nasci... em nasci em... Quando é que eu nasci? Já sei, já sei... nasci em... Oh, esqueci-me... esqueci-me outra vez.

Aproximando-se de mim, o empregado, de avental ao dependuro e caneta atrás da orelha, fez-me algumas perguntas sobre os meus gostos em matéria de mulheres. Não o ouvi à primeira, nem à segunda, tendo ele que repetir três vezes cada pergunta. A minha surdez estava explicada. Que maçador era aquele velho gago! Não se calava. A minha vontade era dizer-lhe que não me interessavam as suas histórias absurdas. Mas não disse. Precisava de me manter discreto.

Quando chegou a hora do encerramento do estabelecimento, paguei a despesa e saí cambaleante. Já tinha bebido demais. O velho ainda lá ficou, cantando louvores à sua própria pessoa. Estava um pouco de nevoeiro e algum frio. Dirigi-me para o automóvel enquanto vestia o casaco amarelo.

Senti então alguém a tocar no meu ombro.

- A passear por aqui, não é? A estas horas...

O famoso locutor televisivo Mark Russel estava ali mesmo. Fiquei siderado com a inesperada aparição. E ele não estava sozinho. Um batalhão de jornalistas e fotógrafos fazia-lhe companhia. O Ferrari à porta tinha sido a minha perdição. Alguém alertara a imprensa. Aquela escapadela havia de me sair muito cara.

Procurei fugir o mais rápido possível, entrando no carro e arrancando de imediato. Rodei a direcção e acelerei a fundo. Passei por cima de qualquer coisa que não identifiquei no momento, vindo a saber mais tarde que se tratava de um gato vadio. Jornalistas, fotógrafos e clientes do bar, todos ficaram com imensa pena do bichano.

Poucas horas depois, às 8 horas, os telejornais abriram com uma notícia que me encheu de pavor.

- Bom dia, este é o telejornal. Alexander Baum envolveu-se esta madrugada num grave acidente à saída de um bar. Eram 4 horas da manhã quando o jogador, bastante alcoolizado, saiu do recinto vestido de palhaço. Nesta imagem, em que se vê o futebolista a entrar na sua viatura, nota-se claramente que ele está a usar uma barba postiça e uma ridícula vestimenta. O acidente aconteceu a seguir. Na ânsia de fugir aos profissionais da comunicação social, Alexander acelerou o seu Ferrari de forma imprudente e atropelou um gato com o rodado dianteiro. O bichano ainda resistiu alguns minutos, miando com sede de vida, mas acabou por se apagar, com uma luz bruxuleante no olhar. Houve muita comoção entre fotógrafos e jornalistas. A "Associação dos Amigos dos Animais" já se pronunciou sobre a execução do gato por parte do jogador, dizendo que este deveria ser um bom exemplo para a sociedade e não um exemplo de degradação e baixeza. Espera-se no dia de hoje uma reacção formal por parte de Alexander e do clube. O treino matinal da equipa está marcado para as 10 horas. Fontes próximas do clube afirmam à nossa redacção que Alexander irá ser duramente penalizado.

As manchetes dos jornais nos dias seguintes contavam o episódio em termos desaforados, insinuando que eu teria ido à procura de namoradas para o bar. Isso valeu-me problemas sérios em minha casa, onde a Joanna chegou a partir-me um vaso na cabeça.

No seio do clube, as coisas não foram melhores. O presidente interrompeu uma viagem de negócios ao estrangeiro para tratar deste caso. Não estava nada contente comigo. Logo me chamou ao seu gabinete, para reunir com ele e com o treinador, advertindo-me expressamente que eu não poderia fazer-me acompanhar da Joanna. Esta despertava nele um medo danado!

Na hora marcada, apareci no local combinado. O presidente estava com má cara e testa franzida. Não me cumprimentou. A televisão do gabinete estava ligada e com o volume de som muito elevado. Um artista fazia acrobacias enquanto cantarolava. A plateia dançava os braços no ar. Tanta gente feliz no mundo. Não era o meu caso.

De repente, rompendo o seu imobilismo incontido, o presidente dirigiu-se-me com o dedo em riste:

- Não vai haver debate sobre o que se passou, Alexander! As provas estão nos jornais. Metade do teu ordenado ficará retido no clube a título de multa. O treinador terá que te castigar também. Chamei-te aqui unicamente para te dar um conselho. Aproveita a juventude para te escravizares à bola! És um cavalo de luxo! Tens que dormir à noite para correres de dia! Não subvertas a lógica das coisas. Terás muito tempo para te empanturrares com comida e bebida quando a tua carreira acabar. Até te podes suicidar. Para mim, isso será indiferente. Mas agora, não! Dorme e corre! Sê apenas um bom cavalo!

Para meu espanto, o treinador, que sempre fora tão meu amigo, concordou inteiramente com o presidente. Fumando cigarro atrás de cigarro, com nervosismo, demonstrou até ter um pensamento mais radical, falando no meu lombo.

- Eu digo-te, Alexander. Estou farto de aturar meninos com grandes contas bancárias no início do mês – a meio do mês já gastaram tudo, bem entendido – e sem qualquer respeito por mim e pelo presidente! Não desperdices a tua vida! Quero ver-te a galopar em alta intensidade. O martelar dos teus cascos tem que ser firme, poderoso, constante, sempre ao mesmo ritmo. Tens que correr, correr, correr, suando, suando, suando muito, para que o teu lombo esteja sempre tão reluzente como o de um cavalo negro no final de uma corrida.

Como castigo pela minha aventura nocturna, o treinador pôs-me no banco de suplentes. O clube ficou prejudicado desportiva e financeiramente. Acorreram ao estádio menos 10.000 pessoas em relação ao número habitual de espectadores e a equipa foi derrotada por três golos sem resposta, o que provocou um escândalo nacional e a ira dos adeptos, que arrancaram cadeiras no estádio e deitaram abaixo as grades de protecção.

Sem a minha presença no meio campo, cada jogador da equipa tentou vencer o jogo individualmente. O resultado foi uma derrota escandalosa.

Nas bancadas, estenderam-se faixas a pedir a cabeça do treinador. O massagista foi agredido. O guarda-redes ameaçado. O próprio presidente não se livrou de apupos.

A vida encarrega-se de mostrar aos homens, de tempos a tempos, a verdadeira dimensão e importância das coisas. Há factos que abalam toda a estrutura do ser, mostrando quão fracos somos. Os gomos de uma bola de cabedal e uns bons pontapés nada valem perante tais factos.

Um dia, pela manhã, a empregada da minha residência não apareceu. Havia sido atropelada. Morreu. Abateu-se sobre mim a maior consternação. Que drama! Pedi ao treinador para abandonar um treino. O meu pedido foi liminarmente recusado.

- Não! – disse ele. – Também fui jogador. Quando o meu pai morreu, estava a jogar. Quando a minha mãe morreu, estava a treinar. Fui aos funerais, mas com uma noção muito clara. Primeiro as obrigações, depois as emoções. Vamos treinar, gladiador, vamos lá! Temos que ganhar o jogo no domingo!

Petrificação de sentimentos. Endurecimento da mente provocado pela ideia cega de vitória. Atletas transformados em máquinas que só sonhavam com golos, entrevistas, doping, mulheres e batota. Grande número de treinos violentos, causadores de graves mazelas à saúde dos atletas, inimigos de uma boa velhice. Uma escravidão dourada, sim, mas uma escravidão.

O relacionamento entre atletas, técnicos, dirigentes e empresários era constantemente envenenado pela má-língua, pelas notícias do dia seguinte e pela cobiça da mulher do outro. Perturbavam-me constantemente a possibilidade de lesões, as notícias desfavoráveis na imprensa desportiva, as entrevistas a conceder, a necessidade de aumentar o vocabulário à pressa, as restrições em matéria de alimentação e as tentações provocadas pela vitaminação em excesso.

A minha vida resumia-se a treinar, viajar, ficar preso em hotéis, jogar e participar em anúncios comerciais e sessões de fotos para ganhar mais e mais dinheiro. Nas horas vagas, poucas, muito poucas, acelerava com o Ferrari estrada afora, correndo riscos de vida, e barafustava com os excessos da Joanna. Nada contribuía para minha paz, nem para a minha elevação.

Estágios, sempre os estágios. A minha juventude foi gasta assim. Três dias por semana acordava num quarto onde muita gente já respirara. Só mudavam os móveis e as cores das cortinas. Viajava do quarto para o átrio da entrada e do átrio para o quarto. Os meus companheiros também. Nada tínhamos para dizer uns aos outros, excepto banalidades e palavrões.

Por vezes eu gostava de passar pelos jornalistas, à entrada dos hotéis, com livros grossos debaixo do braço. Era só para a fotografia. Mal punha os olhos em cima das letras, estas, juntas com outras, começavam a fazer uma enorme confusão no meu espírito, e eu tratava logo de começar a avançar de 5 em 5 páginas, até me cansar finalmente e pegar no jornal desportivo. Quando me enganava no jornal, já os miolos entravam em erupção outra vez. Os temas da moda eram o PSI20, o equilíbrio orçamental, o Bad Bank, as taxas de juro, tudo temas para pessoas com mais sabedoria.

Conversas idiotas e joguinhos de computador, nada mais existia nos estágios para cultivar espíritos e elevar almas. O que interessava ao clube era que os jogadores chutassem bem a bola. Ninguém nos ensinava a falar bem, e com cuidado, a dizer coisas úteis, num ritmo moderado, nem devagar nem depressa, usando o volume da voz num tom adequado, pronunciando devidamente o som das palavras, sem ruídos selvagens.

Foi numa jogada que disputei num treino da equipa, com o meu colega Foxman, que estiquei a perna em demasia e senti um estalo no joelho esquerdo. Este facto, a que não dei importância imediata, significou uma rotura do ligamento cruzado anterior do joelho. O primeiro grande revés da minha carreira. Dois dias depois, ocorreu a operação.

O choque do pós-operatório foi terrível. Dores imensas. Solidão também. No meu quarto. Desapareceram os holofotes da imprensa. Durante meses estive a treinar sozinho com o fisioterapeuta encarregado de lidar com a minha recuperação física e psicológica, até chegar à última fase de treino integrado, com bola, de forma a dar carga física ao meu corpo sem estar sempre a lamentar-me. Só voltaria a ser lembrado pela imprensa quando estivesse totalmente recuperado. Até lá seria um morto-vivo.

Outras lesões igualmente graves se seguiram – lesões meniscais em ambos os joelhos – com as quais fui forçado a conviver toda a carreira e que acabaram por abreviá-la. Sentia dificuldades no agachamento, diminuição da amplitude dos movimentos e estalos nas articulações. Era sujeito constantemente a infiltrações nos joelhos, o que pouco a pouco foi agravando a minha situação clínica.

A cada passo, lá vinha o médico do clube com uma injecção indicada para mim.

- Vá lá Alexander, só uma piquinha.

Quando, pela última vez, entrei no quarto n.º 12 do hospital, para nova operação, acompanhava-me a frustração total. Não tinha medo da operação em si, feita pelos melhores médicos e com anestesia geral. Temia o sofrimento físico e o penoso trabalho de recuperação para o qual iria voltar quando acordasse. Já havia passado por aquilo outras vezes. E desta vez não iria ter força para voltar a passar pelo mesmo. Estava prostrado. Não mais voltaria a jogar.

Terminaria por ali a minha carreira povoada de sucessos desportivos, de prémios a nível pessoal, de entrevistas e fotografias, mas infelizmente abreviada por um calvário de lesões, passagens pela mesa de operações e longos meses de inactividade.

O clube não ficou refém do meu nome durante muito tempo. Cedo apareceu, vindo do submundo, como eu outrora, um jovem de qualidade excepcional. A sua habilidade contagiante estava acompanhada de uma grande força física. Ao fim de um mês, eu estava esquecido entre os adeptos. Era o fim. O meu tempo terminara.

CAPÍTULO XI

CASAMENTO DE MORTE

Tendo em mente desejos de grandeza e estrelato em nada compatíveis com a simplicidade da Mirian, quebrei o noivado com ela e encetei matrimónio com a manequim profissional Joanna Pasteur. O evento mereceu honras de imprensa e até de televisão. Foi um acontecimento social.

Mirian foi hospitalizada com o choque da notícia, acometida por uma doença súbita do foro psiquiátrico. Inicialmente, vestiu-se de luto, dizendo que eu havia falecido num desastre de avião. Mas poucos meses depois começou a alimentar a ilusão de que o meu corpo jamais fora recuperado, pelo que eu poderia estar vivo e regressar a qualquer tempo. Abandonou os trajes de viúva e pôs-se à janela, todos os dias, na esperança de ver chegar à rua o homem de quem gostava.

Os vizinhos amontoavam-se no passeio para verem a pobre criatura à janela, já não discursando sobre direitos laborais e igualdade entre homens e mulheres, mas sim vivendo um drama de amor. Ela acenava amorosamente a toda a gente, dizendo que me esperava e que eu iria voltar, pois prometera outrora regressar rico para casar com ela. Eu não era somente uma parte da sua vida. Era a sua vida.

Um dia, julgando ver a minha silhueta no nevoeiro, a Mirian emocionou-se demasiado e o seu coração falhou. O óbito foi confirmado poucas horas depois. Uma vida perdida, uma esperança destruída, uma voz muito bela silenciada para sempre, para tristeza de seus próximos e – como ela própria diria – das massas trabalhadoras desfavorecidas.

Fui, sem que o quisesse, a causa da sua morte. Passei semanas horríveis. Sofri como um cão e, sentindo necessidade de desabafar, contei à Joanna o que aconteceu. Ela cruzou a perna, exibindo as suas meias novas, falou-me de um novo perfume e mudou o canal de televisão, cantarolando. Uma insensibilidade chocante.

Pedi a Joanna em casamento sem antes averiguar os seus sentimentos e sem me preocupar se ela seria uma pessoa séria. Poucas semanas depois do enlace matrimonial, já chorava a minha infelicidade, vendo desfeitas todas as ilusões do noivado. Para ela, o casamento não foi presidido por razões de coração. Foi um mero contrato comercial. Casou, não para ter lar, que não queria, não para ter filhos, que não podia ter por razões de saúde, mas sim para gozar a vida com abastança material e liberdade sem peias para cultivar todos os vícios, incluindo noitadas sucessivas com alegres grupos de amigas, abancando as mesas dos piores estabelecimentos, cruzando a perna à maneira das rufias e ali passando os serões até madrugada alta, rindo, bebendo e fumando num à-vontade comprometedor com estroinas profissionais.

A vida profissional da Joanna era bastante ridícula. O seu instrumento de trabalho era o próprio corpo e a sua especialidade posar de traseiro para o ar. Trocava de roupa vinte vezes por dia, sendo constante a sua preocupação com a aparência.

O público conhecia-a pelas roupas caras, as festas, as viagens, a fama, o corpo desnudado. Eram aspetos da sua profissão. Mas havia outros. Disciplina alimentar, sofrimento físico e psicológico, gritos de revolta. Tinha 1,80 m. Pesava 62 quilos. Quando saía fora do peso, entrava em histeria. Desatava a emagrecer com toda a fúria, tomando medicamentos e laxantes, fazendo ginásio durante todo o dia e comendo apenas dois amendoins e uma folha de alface ao jantar. Ninguém pode gabar semelhante profissão.

De cabelos negros e esvoaçantes à mínima rajada de vento, aquela mulher calculista e altiva tinha uma maneira de se comportar que em tudo transmitia superioridade em relação aos outros.

Um dia, irada, decidiu deslocar-se ao balneário da equipa. Não logrou, porém, conseguir os seus intentos, porque o segurança da porta de acesso aos túneis do estádio levava muito a sério a sua profissão.

- Desculpe, senhora, não pode passar. Esta zona é restrita.

- Sou a mulher de Alexander Baum. Posso entrar, sim. E vou entrar. Com licença.

- Peço desculpa – disse o segurança pondo uma mão no ombro da Joanna. – Só jogadores, treinadores e dirigentes! Ninguém mais passa por esta porta.

- Você sabe quem eu sou, seu bruto? Sou a famosa manequim Joanna Pasteur! Já ganhei centenas de prémios, concursos, medalhas, distinções!

- E a senhora, sabe quem eu sou? Sou o Tom! – disse o segurança, deixando a Joanna completamente pasmada.

- O senhor é uma nulidade! Está cá o Vice-Presidente? – insistiu a Joanna.

- É possível. Tem que se dirigir à recepção e perguntar. Fica do outro lado do estádio.

- Você é que tem que ir perguntar isso à recepção. Não sou eu.

- Queira desimpedir a passagem, por favor. Vou fechar a porta. – disse o segurança, empurrando ligeiramente a Joanna para trás.

- Chame o Vice-Presidente ou perde o emprego. Já!

- Com licença...

E plaac! A porta bateu. As ameaças da Joanna eram o mais completo bluff. Tinha a mania de ameaçar toda a gente. O segurança não seria despedido por fazer o seu trabalho. Esta cena, no entanto, é cabalmente demonstrativa do feitio e da prepotência da mulher que escolhi. Uma peste. Os seus dentes arranhavam as palavras e feriam o ar, como um raspar de unhas numa mesa.

A Joanna era uma mulher linda, lindíssima até. As suas formas encantavam os experts da moda e das passagens de modelos. Vestia sumptuosamente. Muitas vezes, temendo que já ninguém apreciasse o vestido caríssimo adquirido no dia anterior, atirava-o para o lado e procurava outro que atraísse as atenções por ser novidade.

Aquela peste chegou a fazer de mim o seu cozinheiro. No estádio, era mestre da bola; em casa era mestre do fogão. Uma espécie de criado de luxo. Ela jantava, bebia um café e saía de casa apressadamente. Batia com a porta com o cigarro a fumegar no canto da boca. Tudo nela inspirava atrevimento. Era uma mulher sempre preocupada com os seus alindamentos, saltitando por isso, muito bem maquiada, de programa em programa, sem que em nenhum deles conseguisse saciar-se minimamente.

Cedo compreendi toda a duplicidade da minha mulher. Só mantive o casamento por uma questão de conveniência. A imprensa não falava de Joanna sem a ela associar o meu nome, nem falava do meu nome sem a ele associar o nome dela. Os nossos nomes estavam unidos. Eram quase um só nome. Um negócio. Uma marca. O casamento era uma obrigação profissional. Um eventual divórcio, corresponderia a deitar fora sacos de dinheiro.

Quantas vezes saímos de casa, lado a lado, de sorrisos nos lábios, como uma família feliz, unicamente para sermos colhidos pelas câmaras de televisão e pelas máquinas fotográficas de jornalistas vigilantes! Outras vezes abríamos a porta de nossa casa às revistas cor-de-rosa, cujos leitores adoram espiolhar a vida amorosa de príncipes e princesas, com seus laços sentimentais, dramas e traições.

CAPITULO XII

UMA NULIDADE DE EMPRESÁRIO

Enquanto fui jogador profissional de futebol, ouvi muitas conversas a respeito de investimentos. No balneário da equipa, sobretudo, falava-se muito sobre maus investimentos e lembravam-se as histórias de futebolistas, outrora famosos e ricos, entretanto caídos na pobreza. Todos os meus colegas pensavam da mesma maneira que eu. Ainda me lembro das nossas conversas de balneário. Dizíamos todos o mesmo. Parecíamos relógios de repetição. «Muita cautela com os investimentos!», «Há muitos ex-futebolistas na miséria!», «Toda a cautela é pouca!», «A mim não me apanham!», «Bem o diz a minha mulher, é preciso cuidado!».

Pobres desgraçados, todos nós! Éramos incapazes de perceber que todos os investimentos são maus e nenhum negócio funciona se não existir um empresário de verdade no comando das operações! Foi isso que o Jason me disse um dia, com limpidez.

- Alexander, quando acabares a carreira, só há um emprego para ti: não gastar dinheiro. Serás sempre uma nulidade nos negócios.

Nada mais verdadeiro. Eu tinha vocação para ser centrocampista e para chutar bem a bola, dominá-la no peito e conduzi-la harmoniosamente pela linha de fundo. Atacava bem, defendia melhor. Nos negócios... meu Deus! Um absoluto desastre a criar riqueza e a lidar com quantias de dinheiro.

A minha existência estava repleta de treinos, viagens, estágios e compromissos publicitários. Jamais tive tempo e serenidade para meditar nas propostas de negócio que apareciam. A tudo dizia que sim. As poucas vezes que disse não, fiz mal. Foi tudo um desastre absoluto. Que mediocridade de empresário!

Assim que casei com a Joanna, os familiares dela começaram a digladiar-se como lobos famintos, pretendendo ajudar-me a gerir o meu dinheiro e a fazer os investimentos adequados nas áreas do imobiliário e do vestuário. Procurei fazer a vontade a uns e a outros, tentando contribuir para a harmonia familiar. Rapidamente eles começaram a vestir smoking branco e sapatinhos verniz quando iam gastar o meu dinheiro para os casinos. Autodenominavam-se "representantes" do empresário e jogador Alexander Baum.

Havia inúmeros compromissos matinais, relativos a negócios, em minha representação, a que eles não podiam faltar. Mas depois de grandes noitadas de fumo e whisky... estava-se tão bem na cama! Faltavam assim a encontros decisivos, previamente marcados, com os compradores ou vendedores, dependendo do caso, e lá iam mais uns dinheiros meus pelo cano abaixo. Outras vezes, eram pontuais. Nesse casos, os negócios eram sempre ruinosos. Mais valia não terem aparecido.

Certo dia, a Joanna dirigiu-se-me muito animada.

- Estive a pensar, Alexander. Tu não fazes outra coisa senão trazer medalhas para casa. Não temos sítio para as colocar. O mesmo se passa com a minha roupa usada, o meu calçado, os recortes de entrevistas que dei ao longo dos anos.

- O que sugeres? – perguntei.

- Depois de pensar muito, decidi que vamos fazer um museu com duas salas. Uma dedicada a ti, outra a mim. Chamaremos ao empreendimento Alexander & Joanna Museum.

- Não gosto da ideia. Não há nada mais ridículo do que uma auto-homenagem. A mim. E a ti. No que me diz respeito, preferia fazer algo pela rua que me viu crescer. Não sei o quê. Talvez criar um lar para órfãos; talvez criar uma associação de apoio a idosos famintos; talvez reparar as instalações da escola; talvez criar uma ala de um hospital; qualquer coisa!

- Que estúpido és, Alexander! Não percebes nada de nada. Faremos o museu. Já dei ordens para tudo avançar. O museu será na Avenida central da cidade. Conheço o local adequado. É muito caro, mas vale a pena.

- Tens a certeza de que será um bom negócio?

- Absoluta. Investiremos também num hotel, no prédio ao lado. Será o primeiro hotel de uma cadeia hoteleira da marca «Gladiador e Joanna». Espalharemos os nossos hotéis por todo o mundo. Já dei ordens ao banco para transferir os nossos depósitos a prazo para este projecto. A minha prima está a tratar de tudo. Ela licenciou-se em marketing.

- O quê?! Não acredito! É muito dinheiro! É tudo o que juntamos até agora! Tens a certeza que...

- No problem! É um investimento calculado. Só precisamos que os Bancos nos apoiem financiando este projecto.

- O Jason diz que nenhuma ideia é boa quando é necessário pedir dinheiro emprestado a um Banco.

A Joanna eriçou-se nesta altura, perdendo a calma. Era costume ficar furiosa e espumar-se de raiva quando alguém punha em causa os seus desejos. E então quando esse alguém era o Jason...

- O Jason é um vergonhoso cretino! – disse ela. – É um cérebro de estreita capacidade afogado em tabaco e whisky! Esse homem medíocre não percebe nada de nada! Venceremos! A minha prima...

- Depois de eu findar a carreira, a marca «Gladiador» pode não valer nada. É a opinião do... do... do Jason. Talvez ele tenha razão.

- Não admito que fales mais nesse bruto! Confia em mim. Já disse que a minha prima licenciou-se em marketing. E com boas qualificações. À beira dela, o Jason é um anão!

O negócio do hotel na Avenida central da cidade foi absolutamente ruinoso. As obras ficaram a meio. Descobriu-se a dado passo que legalmente não poderia ser obtido licenciamento para tal projecto. A prima da Joanna, apesar de ter um curso superior, revelou-se uma pessoa completamente irresponsável e incompetente. Tive que vender o prédio em obras, para atenuar o ruinoso prejuízo. E claro que o projecto de espalhar pelo mundo hotéis de marca «Gladiador e Joanna» nunca saiu do papel. Nenhum Banco apoiou aquela maluqueira da Joanna.

Quanto ao museu, foi erguido. A compra do edifício e as obras necessárias custaram uma fortuna. Tudo quanto havia sido orçamentado foi superado em muito. Fiquei a dever uma grande quantia ao Banco. E poucos dias antes de ser inaugurado, o museu foi alvo de um violento incêndio que tudo destruiu. A prima da Joanna esqueceu-se de uma vela acesa lá dentro. Pior do que isso. Esquecera-se também de fazer um seguro. Perdi tudo.

Nesse dia chorei no ombro de Mark, o meu melhor amigo. Era dono de uma joelharia situada no centro da cidade. Nunca me pediu dinheiro emprestado e recomendava-me para ter muito cuidado com oportunistas e falsos amigos. Bom conselheiro.

As nossas conversas andavam quase sempre à volta do futebol e do mau feitio da Joanna. Uma amizade verdadeira, sem subterfúgios, que duplicava as minhas alegrias e minorava as minhas frustrações. Por vezes, almoçávamos num restaurante de luxo. Ele fazia-se acompanhar da Rose e insistia que eu levasse a Joanna. O ambiente era agradável. Rose, uma jovem encantadora, falava baixinho e moderadamente. Usava jóias tão deslumbrantes que a minha mulher perdia quase sempre a cabeça e desatava a comprar-lhe, logo ali, peça por peça! Não raro, a Rose chegava cheia de jóias e, quando o almoço ia a meio, já ostentava somente a roupa do corpo. O cheque tinha a minha assinatura: Alexander Baum.

Vim a saber mais tarde, com tristeza, que o Mark usava a Rose como mostruário em forma de gente. Os convívios ao almoço eram peças de teatro que visavam unicamente mexer com os nervos da Joanna para lhe vender as jóias mais caras da joelharia, pelo dobro do preço.

Antes dos nossos almoços, a Rose passava rapidamente na joelharia a ornamentar-se de jóias, e depois, se as não vendesse à Joanna, passava novamente na joelharia e punha de novo as jóias na montra. Em regra não necessitava de pôr nada na montra. E o Mark, em círculos próximos, chamava-me "pato" de uma forma depreciativa, pondo-se até a grasnar: "quac, quac, quac"!

CAPITULO XIII

VÁRIAS VIDAS DE LUXO

Enquanto futebolista, não levei uma vida caríssima. Levei várias vidas caríssimas: a minha própria vida, a da Joanna, a dos familiares dela e a de falsos amigos. Todos viviam como se o meu dinheiro nunca fosse acabar. Todos se achavam no direito de desfrutar do mesmo padrão de vida que eu.

Só os carros de luxo que todos tínhamos na garagem, comprados por mim, perfaziam o valor suficiente para eu não mais necessitar de trabalhar. Acresce que todos trocávamos de carro duas vezes por ano, perdendo somas consideráveis de cada vez. Em 10 anos de carreira, a perda global superou larguíssimos milhões. Só em carros. Dezenas de outros excessos identicamente dispendiosos ficam por contar.

Quando terminavam as épocas futebolísticas e chegavam as férias, eu renascia completamente. O meu pensamento era encher as malas e partir para outro continente, para passar um mês a fazer noitadas, a apanhar bebedeiras, a participar em comezainas e a apostar fichas de jogo em casinos. Fazia-me sempre acompanhar de familiares da Joanna e doutros amigos.

O meu lema era "abusar" antes que a época começasse novamente e, com ela, mais um ano fechado em hotéis e a correr atrás de uma bola. O lema deles era igual ao meu, apesar de nada produzirem nas suas vidas. Comprávamos tudo o que nos apetecia, por qualquer preço: divertimentos, barcos, carros, bebidas, grandes refeições, tudo o que nos viesse à cabeça. Rapidamente as férias terminavam. Recomeçava o trabalho. Iniciavam-se os jogos.

Nunca esquecerei o dia em que a Joanna me convenceu a pagar todo o casamento da irmã e a fazer o copo-de-água com talheres de prata. Um casamento milionário. Convidados, 1000. Fotógrafos, 5. Músicos, os melhores. O vestido da noiva custou uma maquia valente. O traje do noivo também. Para se pentear e fazer a maquiagem, a noiva contratou uma empresa estrangeira. O trabalho incluiu o acompanhamento por três profissionais ao longo do dia. Para levar os noivos, contratou-se uma limousine de 15 metros. Viagem de lua de mel: a volta ao mundo. E muitas outras extravagâncias.

Cheguei atempadamente às imediações da igreja onde se realizaria o casamento. Encontrei um lugar grande, espaçoso, para estacionar o Ferrari, o que não impedia que se tivesse criado ali um novo posto de trabalho. Um arrumador de automóveis fez questão de orientar zelosamente a minha manobra. E fê-lo com a mão direita, porque a esquerda erguia-se, pedinchona, junto à minha janela.

Num primeiro momento, pediu-me dinheiro para sustentar os seus vícios. Face à minha recusa, apontou as suas baterias para um cigarro. Disse-lhe que não fumava. Ele não acreditou. Durante alguns minutos acusou-me de estar a mentir com quantos dentes tinha na boca. Por fim, girou os calcanhares, dando meia volta, enquanto proferia um resmungar raivoso. Fiquei a pensar que ele poderia vingar-se no meu carro, riscando as portas ou cortando os pneus.

À porta da igreja, o ambiente era de tensão. Ali se concentravam os convidados do casamento. Uma enorme mancha de gente. O John, pai do noivo, parecia presidir a toda aquela impressionante assembleia, despertando a atenção dos fotógrafos. Com um altifalante na mão direita, ele assegurava, ufano, que os noivos iriam ser o casal mais feliz do mundo. Só largou o altifalante e baixou o volume da sua voz metálica quando ecoou um grito assustador.

Era o noivo que chegara, com a cabeça fora da janela, saudando os presentes. Ao seu lado ia um concertinista, que tocava o seu instrumento. O noivo estava prestes a realizar o primeiro dos seus dois sonhos: casar com alguém. O segundo sonho seria encher esse alguém de filhos, impedindo dessa forma que se perdesse para sempre tão fina linhagem.

A noiva chegou logo a seguir, numa limousine americana que aluguei por alto preço e que estranhamente vinha aos soluços, o que achei bastante estranho mas não tratei logo de averiguar.

- Viva, viva! – gritou a Joanna quando viu chegar a irmã.

Depois de saudar os convidados com vénias, a noiva entrou na igreja, sendo seguida por quatro canhões de luz. Não assisti ao desenrolar do evento religioso. Nem sequer entrei na igreja. Fiquei sentado numa esplanada tranquilamente.

Recordo-me que, terminada a cerimónia, o noivo apressou-se a pegar na mulher ao colo e subiu para a limousine, que arrancou de imediato na direcção do restaurante. Dezenas de bolas de futebol estavam agarradas à panela de escape. Mais uma ideia da Joanna.

Após percorrer escassas centenas de metros, a limousine avariou. A noiva, entendendo que a limousine fazia muito barulho, havia decidido meter um pano no tubo de escape. O prejuízo seria imenso. Eu pagaria tudo. Os noivos, esses, trocaram de meio de transporte e seguiram o seu caminho, imperturbáveis.

Preocupado com os elevadíssimos custos de tudo aquilo, e bastante aborrecido com a minha vida familiar, dirigi-me para o parque de estacionamento a fim de recolher o Ferrari. Assim que me abeirei do carro, tive um choque tremendo. A pintura tinha sido riscada à navalhada.

Ao fundo, no cimo de uns prédios, um homem ria com prazer. Era o arrumador, que, como um gato bravio, deslizava suavemente, passando de telhado em telhado. Ainda chamei a polícia mas não adiantou nada. O arrumador eclipsou-se. Segui o meu caminho com as faces ébrias de raiva.

Volvida meia-hora, no interior do restaurante onde se realizaria o repasto, o proprietário dirigiu-se a mim e identificou-se radioso. Chamava-se Jeff e tinha ganho a vida a pulso, comprando e vendendo máquinas de lavar. Não evitei lançar um olhar desconfiado sobre ele, que vestia um fato azul claro e uma gravata vermelha garrida. A falta de seriedade parecia estar escrita em toda a sua inquietante pessoa.

Longe iam os tempos em que eu passava fome na minha rua. Naquele dia, estava a alimentar um milhar de pessoas. Cada qual tinha direito a 7 pratos. Havia bolas de futebol sobre as mesas. Um desperdício gritante de comida e de bolas de futebol. E ninguém conseguiu comer descansado, porque o John passou o tempo todo com o seu altifalante a contar anedotas sem sentido.

Entretanto, na mesa principal, a intriga estabelecia-se. Depois de trocarem alguns segredos, os noivos dirigiram-se a mim e perguntaram-me pela prenda de casamento, que não haviam recebido. Cego de raiva pela ingratidão dos dois, apontei o indicador inexorável a ambos e proferi uma exclamação de ódio:

- Basta!

Uma explosão de insultos e ameaças por parte dos visados fizeram-me desistir de protestar. Julgo que mais tarde ainda tentei voltar à carga, mas fui detido pela Joanna através de uma discreta pisadela.

Durante o 5.º prato, faltou a luz por um motivo desconhecido. Uma empregada do espaço aprestou-se a chegar perto do quadro da electricidade, procurando verificar se o problema era de fácil solução. Todavia, assim que meteu a mão no interruptor, recebeu uma terrível descarga eléctrica e caiu prostrada.

Surgiu nessa altura, fendendo o ar, uma garrafa de vinho branco, que se despenhou nos pés de uma jovem mal vestida. Dolorida, a miserável cambaleia. Dois grupos de pessoas começaram a acusar-se reciprocamente de terem arremessado a garrafa. Tudo descambou numa enorme cena de pancadaria, com uma avalanche de socos e pontapés em todas as direcções.

No meio daquela cacofonia de gritos discordantes, tomou forma uma curiosa figura: o arrumador de carros que me havia vandalizado o automóvel junto da igreja. Aproveitando-se do pânico existente, e incapaz de refrear a sua cobiça, passou logo à acção. Após ter efectuado alguns circunspectos, metendo nos bolsos dezenas de talheres de prata, localizou o local tão procurado: o armário onde se encontravam as carteiras das senhoras.

Procurando evitar o furto iminente, tentei interpelar o malandro. Aproximei-me com mil cuidados, pois não me agradaria ficar com uma navalha espetada no coração, e pedi-lhe para repensar a sua decisão. Mas, astuto e febrilmente empreendido no sucesso da sua actividade, ele fez uma cara ameaçadora, cobriu-se de carteiras e galgou apressadamente por uma janela.

Não havia tempo para respirar. Subitamente as cortinas pegaram fogo. As labaredas começaram a alastrar. O fumo tornou-se sufocante. Em poucos minutos, o restaurante transformou-se num imenso braseiro. Os 1000 convidados abandonaram o local em debandada, no meio de cadeiras de pernas para o ar e muitas louças partidas.

Enquanto, no horizonte, o sol lançava os seus últimos raios, junto do restaurante reinava uma agitação febril. Ainda existiam vidas em perigo no estabelecimento em chamas. Dois potentes carros de bombeiros e um da polícia chegaram ao local da tragédia, com as sirenes ligadas e um imenso estardalhaço.

Ouvi uma buzina que mais parecia uma bomba. Provinha de um automóvel enorme, de cor encarnada. Um veículo grande, tipicamente americano, com chifres em cima do capot, vidros carregados de autocolantes fosforescentes e luvas de pugilismo penduradas no retrovisor interior. A porta abriu-se e vi sair uma personagem vagamente familiar.

O John, pai do noivo, dirigiu-se-me raivosamente, acusando-me de não ter dado uma prenda aos noivos. Perdi a cabeça. Agarrei-o pelos colarinhos, esmurrei a sua cara pateta e, com ele prostrado no chão, lembrei-lhe que pagara todo o casamento, a igreja, o almoço, as roupas dos noivos, a limousine, os canhões de luz, as viagens de lua-de-mel e até 500 bolas de futebol. Só parei de lhe gritar quando ele, com uma mão, fez um sinal de rendição.

CAPITULO XIV

A QUEDA DE UM MITO

Com o término da carreira, deixei imediatamente de auferir o ordenado principesco do clube e os valores relativos a contratos de publicidade a que há muito me habituara. O monte de dinheiro que costumava facturar todos os meses foi substituído abruptamente por um punhado de nada. E as contas para pagar continuaram a chegar com a cadência de sempre. Uma cadência absolutamente assustadora face à inversão das circunstâncias.

A Joanna não perdeu tempo. Avançou com uma acção de divórcio, exigindo 50% do nosso património comum. Inicialmente recusei com calor, mas ela acabou por levar o seu intento avante, chantageando-me com um escândalo nos jornais. Foi o que me valeu, uns anos antes, num momento de romantismo, ter-lhe confiado alguns segredos da minha mocidade. Também a mãe dela os sabia. E a irmã. E o cunhado. E o pai do cunhado.

Fui tão sabiamente enleado e amedrontado pelas chantagens da Joanna que nem sequer pude reagir às notícias falsas que ela colocou nos jornais, com títulos completamente despudorados: «Alexander acusado de bater em Joanna!», «Joanna chora de dor!», «Esta doce mulher vive um martírio!», «Alexander revela-se cruel!», etc..

A mentirosa chegou a ser entrevistada num canal de televisão queixando-se de mim. O programa intitulava-se: "Sou vítima de violência doméstica!". O entrevistador, comovido, foi puxando pela língua da Joanna, fazendo-a falar, e ela foi relatando assuntos do foro privado misturados com as maiores mentiras. No dia seguinte foi publicada uma sondagem na qual 97% dos inquiridos mostravam confiar nas alegações da Joanna.

Um inesperado pagamento de impostos somou-se à repentina perda de rendimentos e ao divórcio milionário que fui obrigado a aceitar. Foi o desastre, uma combinação fatal, a tempestade perfeita. Tive que vender os poucos bens materiais que ainda possuía e fiquei completamente arruinado, sem dinheiro, sem casa, sem carro, sem emprego, e necessitado ao ponto de procurar comida em casa de amigos.

A imprensa foi lesta a cair em cima de mim. Os mesmos jornais que outrora haviam vendido edições inteiras com os sucessos que alcancei, faziam agora as últimas manchetes relativas à minha pessoa. Os chacais caíam sobre a carcaça. «Alexander vende o Ferrari!», «Alexander penhorado por não pagamento de impostos!», «Alexander fica sem casa!», «Alexander na miséria!», «Alexander vai voltar para casa dos pais», «Alexander arruinou-se a ele e à esposa!», «Alexander nunca escutou os conselhos de Joanna!», «Vaidade e despesismo traem Alexander!».

Estava finalmente a beber o veneno da fama, depois de ter passado muitos anos debaixo dos projectores da imprensa, de capa em capa, vendendo sorrisos e entrevistas. O público, que outrora me aplaudira, deliciava-se agora com o meu trágico destino, comprando os jornais, esgotando edições inteiras, gozando com a minha má sorte. Um mundo sem alma. Um mundo gelado que me fazia escorregar em velocidade acelerada para o abismo.

Sou testemunha de que o mediatismo tem dentro de si a semente da destruição. Gera uma inveja destrutiva em relação à pessoa famosa. As pessoas medíocres, rancorosas e frustradas com as suas vidas sentem uma alegria enorme quando as estrelas mediáticas caem arruinadas aos pés da sociedade.

Na cidade, fui várias vezes maltratado por cidadãos comuns, extasiados com a minha desgraça. Um indivíduo com a testa franzida chegou a encostar-me o nariz ao rosto, dizendo-me no meio de muitos perdigotos:

- Ó Alexander, acabou-se a boa vida! Vai trabalhar, malandro! Passeavas de Ferrari com uma manequim loira ao teu lado. E eu a pé, desempregado, nesta sociedade que só promove os medíocres como tu! Agora, acabou-se o dinheiro para ti. Sofre!

- Por que motivo me trata assim, senhor? – perguntei perplexo com tal abordagem. – Cometi erros na minha vida pessoal. Foram muitos. Confiei nas pessoas erradas. É verdade. Actuei como se o dinheiro nunca fosse acabar. Assim foi. Mas dei muitas esmolas, saudei sempre as pessoas que me aplaudiam, nunca lesionei colegas de profissão, não troquei o clube do meu coração por qualquer proposta aliciante. Estou agora a pagar os meus erros com a miséria. É o bastante. Acho injusto que me maltrate.

- Está calado Alexander, não digas mais nada! A minha vontade é dar-te um estalo nessa tua cara de parvo.

- Prezado senhor, a nossa conversa fica por aqui – disse eu. – Nasci no meio de bandidos. Tenho a escola da briga de rua. Levado ao extremo, sou capaz de me enfurecer e de lhe partir os ossos. Evitarei fazê-lo, porém. Passe bem. Adeus.

Esta lamentável situação, que me humilhou, fez-me recordar a história da serpente e do pirilampo, que um dia Baba Madri me contou. De nada valia ao pirilampo ser inofensivo, bonzinho e não pertencer à cadeia alimentar da serpente. Em vida havia brilhado. Isso era o bastante para que desejassem a sua morte.

Às notícias assassinas de que fui alvo, seguiu-se um silêncio sepulcral e devastador, como se Alexander Baum nunca tivesse pisado os relvados dos estádios, como se nunca tivesse existido sequer. "O gladiador" desapareceu da sociedade. Enfrentei um sentimento completamente novo: a dureza do esquecimento!

A "Associação de Jogadores Profissionais" cedo promoveu um amplo peditório de solidariedade, indicando o número da sua conta bancária e solicitando ajuda, de qualquer valor, maior ou menor, a beneméritos comovidos com a lamentável situação que eu vivia. A mensagem era comovente: "Alexander Baum começou do zero. Tudo conseguiu com sangue, suor e lágrimas. Ganhou vários campeonatos e somou internacionalizações pela selecção nacional. Infortúnios inesperados arruinaram a sua vida".

Ninguém acreditou na tese dos infortúnios inesperados. Eram mais do que esperados. Nessa medida, pese embora toda a publicidade que acompanhou a iniciativa da Associação, o valor arrecadado com o peditório foi absolutamente irrisório. Não chegou sequer para pagar as minhas últimas dívidas.

E então.... como que carregando o mundo inteiro em cima de mim, voltei, desolado e cabisbaixo, para a rua onde nascera e crescera, um quadro de miséria efectiva de pão, teto, saúde e sofrimento. Consegui uma boleia de um amigo que tinha uma carrinha.

Comigo levava uma mala de roupa, uma mobília de quarto, um estojo com artigos de higiene pessoal e um relógio. Nada mais. Estava frio. Ao pescoço tinha um cachecol da Ferrari, que outrora comprara para conduzir o carro sem a capota. Como a vida é incrível! Como pode mudar! Mais depressa do que o dia. Mais depressa do que a noite.

CAPITULO XV

DE VOLTA AO BERÇO

Silencioso, triste, envelhecido, foi assim que o meu pai abriu a porta de casa. O tempo passara. As rugas cobriam agora o seu rosto. Mancava e fazia uso de uma bengala. Os seus óculos tinham lentes muito espessas, com uma graduação semelhante ao fundo de um garrafão. No desvario dos meus tempos de estrela do futebol, pouco havia feito para o ajudar. Oh como pesava a minha consciência! Pobre senhor, que me criou, que me ensinou a dar os primeiros passos, que apostou em mim, que durante anos esteve com o rádio na mão, ouvindo os jogos em que participei!

Enquanto o meu pai se acomodava no sofá, com a cabeça debruçada no meio dos joelhos, a minha mãe entrou na sala e dirigiu-se-me chorosa.

- O que se passou, meu filho? O que se passou? Como gastaste tu tanto dinheiro? Há 10 anos eu e o teu pai pensamos que não mais precisaríamos de nos preocupar contigo. Pensamos que estavas garantido para a vida. Afinal...

- Afinal perdi.

- O que é feito da Joanna, filho? Por que motivo essa mulher nunca nos quis conhecer?

- Essa mulher foi uma víbora que entrou na minha vida para me picar e ferir. Prefiro não falar nela. Penitencio-me somente.

Levei rapidamente a mala e a mobília para o meu quarto. Com os olhos sempre no chão. Envergonhado. Esmagado pela vergonha. A minha mãe ficou a olhar para mim de braços abertos, como que pedindo ao céu para lhe explicar o inexplicável. Coitada. Eu adorava a pobre mulher. Pouco

73

se havia alterado na sua vida desde que eu partira. A sua sina era sofrer, acabrunhada de sol a sol, limpando a casa nos seus cantos e recantos, esperando melhores dias, que agora talvez nunca mais chegassem.

Estaquei em frente da janela. Fixei o olhar na rua. Depois de ter estado durante uma década a contemplar com petulância todos os cenários belíssimos que o dinheiro pode comprar, um simples olhar sobre a minha rua causou-me um calafrio enorme. Aquele céu de roupa a secar, pingando ininterruptamente, e a selva de betão colorida a grafitis constituíam um cenário pavoroso para os meus olhos atónitos.

Da mesma janela donde outrora eu vira o Jason eufórico a acenar na minha direcção, via agora garotos maltrapilhos atirando latas uns aos outros. Também eu fora assim. Muitos perigos aqueles garotos iam conhecendo, mas outros eles nem sequer supunham que existiam, ou então pensavam que não eram perigos, até lhes caírem nas malhas enrodilhantes.

Foram dias, semanas, meses dolorosos. Passava o tempo à janela ou subindo e descendo a rua, sem rumo nem propósito. Coisas de quem deixa de ter dinheiro e uma ocupação, de quem passa a ter vergonha de mostrar o rosto diante da sociedade, diante da qual outrora enriqueceu e ficou de novo pobre, esbanjando e deixando que outros esbanjassem o seu dinheiro, com a maior prodigalidade, numa abundância escandalosa de gastos em coisas finas.

O campo de futebol da rua já não existia. O velho armazém havia sido demolido, dando lugar a uma lixeira, onde se depositavam resíduos de toda a espécie, originados em vícios de rua e em trabalhos domésticos e industriais. Um sinal dos tempos. Até nos bairros sociais o futebol de rua tende a acabar.

A rua não se mantinha tal como eu a conhecera. Estava pior. No tempo quente, depois do jantar, os habitantes desciam dos prédios e sentavam-se nos passeios, de rostos fechados, sem alegria, qual exército de derrotados. As conversas giravam sempre em torno dos mesmos assuntos. Mendicância, desconsolo, crime, morte. Agora havia um novo assunto: a ascensão e queda de um futebolista filho da rua. O seu nome: Alexander Baum.

Os senhores engravatados que por vezes visitavam a rua para examinar as condições de vida dos seus habitantes, falando em nome do governo, dos partidos políticos ou de organismos de segurança social, costumavam ser corridos à pedrada quando não juravam arranjar subsídios para toda a gente. Os moradores não acreditavam em promessas genéricas, que se revelavam sempre vãs.

Prostitutas dançavam nos passeios procurando atrair a atenção de eventuais clientes. Nos portais das casas encontravam-se os proxenetas, vigiando a rentabilidade dos seus negócios. Triste sina a daquelas mulheres. Às vezes esfaqueavam-se de morte por um lugar melhor. De pouco valia às infelizes encostarem-se em locais não iluminados. Um lampião, ali, valia ouro. Elas sabiam isso. O cangalheiro também.

Eu conheci-a muito bem o cangalheiro desde os meus verdes anos. Um homem triste, que não parecia amar a sua profissão. Morava numa cave pestilenta, donde entravam e saíam caixões. Vestia um fato cinzento, muito amassado. Não sorria, não falava, não exprimia emoções. Limitava-se a transportar féretros numa carroça andante e a enterrá-los na ala norte do sobrelotado cemitério da rua. Uma espécie de vala comum.

O número de mendigos multiplicara-se assustadoramente. Tal como as prostitutas, os mendigos só eram vistos até às 02h00 da madrugada. Depois desta hora, a noite era dos cães. Havia centenas de cães. Ladravam, rosnavam, mordiam quem passava. Alimentavam-se dos sacos de lixo com restos de comida que os moradores despejavam das janelas das suas habitações ao longo do dia.

Os poucos moradores que tinham algumas poupanças viviam com pavor de que ladrões lhes entrassem em casa e os matassem para os roubar. Uma amiga da minha mãe, que durante toda a vida acumulara moedas num saco, enclausurou-se voluntariamente na sua residência. O saco de moedas que possuía não era dinheiro. Era a sua vida e a sua morte.

As pessoas da rua, exceptuando as humildes, que eram uma minoria, vendo aquela mulher garantida para a velhice, tinham ciúmes dela e detestavam-na, sem pensarem no inferno que constituía a sua vida. Nunca saía de casa. Dormia como um cão de guarda, com um olho fechado e o outro aberto e vigilante.

A desgraçada mulher foi um dia molestada e roubada por um indivíduo encapuzado. Suspeitou-se de um ladrão afamado na rua. Os membros de um gangue da rua, denominado "Os Vingadores", que actuavam de cara tapada, decidiram partir-lhe os ossos à marretada.

Encontrando o ladrão a beber uma taça de espumante num cabaret da rua, um vingador imediatamente avançou em sua direcção e, com duas matracadas sibilantes, abriu-lhe a cabeça. O agredido, dolorido e de olhar aterrado, galgou por cima das mesas, indo enfiar-se dentro da casa-de-banho, cuja porta trancou por dentro. Mas os agressores, uma dezena deles, eram muitos e encarniçados, pelo que facilmente deitaram a porta abaixo com violentas investidas de ombros.

Nada parecia poder alterar a situação crítica do ladrão, que corria riscos de vida. Todavia, inspirado em pactos e conferências sobre paz, que desde há muito se multiplicam no mundo civilizado, um homem calvo, na casa dos 50 anos de idade, avançou resolutamente para o centro da sala com um pau na mão. Este corajoso acto logrou distrair os vingadores, que se dirigiram perplexos para o centro da sala, muito intrigados com a curiosa personagem, e o ladrão aproveitou a oportunidade para fugir do local, gatinhando por entre pernas e murmurando um queixume ininteligível.

Batendo ameaçadoramente com o pau sobre a mesa, o homem calvo parecia querer dar início a uma narrativa, verberando os vingadores. Mas viu-se tão rapidamente agredido, com murros e cabeçadas, que pediu imediatamente perdão pela sua atitude impensada. As habituais cenas dos filmes de heróis que se veem na televisão, em que a personagem principal derrota vários homens maus, dando saltos e patadas, não tinham lugar na minha rua. Qualquer valentão sairia dali num caixão.

Importantes acontecimentos estavam prestes a ocorrer na porta do cabaret, onde um dos vingadores se encontrava de guarda. Este sentiu de súbito, atrás de si, uma respiração ofegante que nada indiciava de bom. Surgiram homens armados de todos os lados. Um gangue rival queria a desforra de uma luta anterior vencida pelos vingadores. A violência e a prontidão da réplica foram assustadores. O som de um violento tiroteio ressoou subitamente. Um a um, os mercenários cravaram de balas as pernas dos vingadores que, coxeando, fugiram em desordem, batendo em retirada e jurando vingança.

Um mês após estes acontecimentos, ainda os ajustes de contas não tinham acabado na rua e, pelo contrário, já se haviam alastrado a outros gangues. A brutalidade distribuía-se como pães quentes. A cada passo ouviam-se rajadas de tiros de metralhadoras durante a noite. Violência atrai violência. É como o fogo, que uma vez aceso não mais deixa de se atear e alastrar.

CAPITULO XVI

PROSTRADO PERANTE UM SÁBIO

Acabo de dar dois toques na porta de casa de Baba Madri. um idoso solitário, sem mulher, sem filhos, sem amigos, sem trabalho, vivendo no seu pequeno castelo sem luz artificial e privado do convívio humano. Um prisioneiro voluntário. Talvez há 100 anos!

O meu guarda-chuva contorce-se com as rajadas de vento, mas resiste. É uma peça antiga. Pertencia ao meu avô paterno. Tenho o coração apertado e as faces empalidecidas. Sinto-me inseguro. Não sei o que vou encontrar. Não sei sequer se o velho mestre está vivo.

Um relâmpago ofuscante rasga o céu, anunciando um trovão que rebenta com fragor e ribomba longamente. Na rua, sob a luz dos lampiões que resistem, as prostitutas esforçam-se por se manter de pé, face à força do vento e da chuva. Os proxenetas não permitem que elas se abriguem. Estão vigilantes nos portais dos prédios, afiando as unhas com navalhas cortantes. Querem colher o máximo rendimento da actividade que exploram. Um cenário de pesadelo. Não é o fim do mundo mas podia ser.

Na casa de Madri, ninguém responde. Nada parece mover-se. A porta está trancada desta vez. Temo que algo lhe tenha acontecido. A vida parece ter-se extinguido com a morte do velho ancião. Sinto remorsos. Sinto pena. Recordo as suas faces, a sua postura, os seus conselhos. Deixo cair uma lágrima. Decido-me a desistir, a girar o troco para ir embora desolado.

Não tenho tempo de o fazer. De súbito, a porta escancarou-se com violência, descobrindo uma silhueta alta, muito fantasmagórica. Um indicador inexorável é apontado ao meu rosto enquanto dois olhos grandes me fitam. Fiquei completamente boquiaberto e atónito com a inesperada aparição.

- Quando Abraão disse "Deus traz o Sol do Oriente; trá-lo tu do Ocidente" o infiel ficou confundido. Evidente!... Deus não guia a gente injusta! – atalhou Madri muito simplesmente, enquanto me fazia entrar no seu palácio de livros antigos.

- Oh venho mestre – disse eu recuperando o fôlego –, Deus me perdoe! Sou um miserável. Sinto-me doente, muito doente. Todos os dias acordo com uma dor de cabeça muito aguda, acompanhada de uma dor extrema no coração. Dir-se-ia que vou explodir a qualquer momento. Pode ser sistema nervoso, tensão alta, problemas de olhos... Pode ser uma de muitas coisas! Podem ser várias coligadas!

- Conclusão, não tem doença nenhuma! Sei o que lhe pesa na alma. Tão depressa enriqueceu como se arruinou. E, porém, desde o fundo dos tempos que se sabe que a abundância de bens confunde e atormenta o espírito das pessoas, criando nelas a ânsia de mais e mais e fazendo-as perder a noção de conquista e o gosto pelas coisas. Joseph fez os egípcios pouparem nos anos de abundância para poderem sobreviver nos anos de escassez e penúria.

- Conhece a minha vida?! Pois... estou admirado! Sim, sim... é tudo verdade. Na última década, enriqueci a jogar futebol. Tornei-me famoso. A minha imagem percorreu o planeta. Perdi a noção da realidade. Passei a viver no meio de todos os luxos, a comprar os melhores carros, as melhores jóias, as melhores roupas e...

- Sentiu-se feliz enquanto viveu dessa maneira? Advirto-o de que conheço de antemão a resposta.

- Fui sempre infeliz. Mais do que a perda do dinheiro, pesa-me a perda da Mirian. Adoeceu e faleceu por minha culpa. Troquei-a por uma mulher lindíssima mas completamente tonta. Quanto me arrependo!

- Certo dia, uma raposa encontrou uma máscara muito bela e disse-lhe: «És muito linda! Mas não tens cérebro!»

Estávamos de pé, olhando um para o outro, no hall da entrada, docemente circundados pelos inevitáveis livros antigos que, como um oceano infindável de palavras impressas, pareciam pertencer àquela casa para a eternidade.

Condoído por nunca ter visitado o velho sábio enquanto tive muito dinheiro, enchi-me de arrependimento e boa vontade.

- Eu desejava tanto jogar novamente e ganhar dinheiro! Dar-lhe-ia muito dinheiro a si.

- Não o aceitaria, nem dele necessito. Tenho tudo o que preciso.

- Mas vejo que habita uma casa muito simples. Nem sequer tem mobília. Só tem livros. Onde estão os seus móveis? – perguntei.

- Também não vejo os seus. – replicou Baba Madri.

- Os meus? – surpreendi-me. – Eu só estou aqui de passagem.

- Madri também está de passagem nesta vida.

A idade não passava por aquele velho, que parecia mais arguto e seguro do que nunca. Olhei-o com muita admiração. Que diferente era ele em relação aos demais homens que conheci pela vida afora!
Prossegui com os meus longos lamentos.

- Perdi a Mirian por minha culpa. Escutar-me-á ela em qualquer parte do Universo para saber quanto estou arrependido?

- Quão perto ela está de si! Acompanha-o. Na natureza nada morre, tudo se transforma. É assim no plano material. É assim também no plano da energia das almas. Os homens são atomicamente eternos.

- Eu preciso de recuperar os meus joelhos, para poder jogar futebol mais uns anos. Tenho que ganhar dinheiro outra vez.

Madri arregalou os olhos e coçou a cabeça por baixo do seu turbante.

- O que quer fazer pelo mundo? – perguntou-me.

- Pelo mundo? Nada. Quero apenas ser feliz! – respondi.

- Ninguém jamais conseguiu ser feliz sem ajudar os outros. A que horas acordou hoje? O que é que fez hoje pela sociedade?

- Eu... nada! – balbuciei.

- Não deteste a sua vida. Pacifique-se com Deus. Imagine uma abelha, uma gaivota, um cão, um homem. A gaivota é mais inteligente do que a abelha, o cão é mais inteligente do que a gaivota, o homem mais inteligente do que o cão. É uma ordem crescente de inteligência criadora, que tem o seu fim na inteligência suprema criadora.

- Essa inteligência suprema criadora é Deus?

- Não pode ser uma parede. As paredes, tal como os pedregulhos do espaço, não têm vida própria, personalidade e pensamento. Nunca terão. Podem passar milhões de anos. Continuarão impossibilitados de viver, de pensar, de ter um eu. E, no entanto, os homens existem. Alexander existe. Se não foram os pedregulhos do espaço que evoluíram para a vida inteligente, é forçoso afirmar que no fundo dos tempos um Criador tudo criou. Suba ao ponto mais alto de uma cidade e contemple o panorama que se oferece a seus olhos: a racionalidade que cerca o Universo, as leis da natureza, as verdades astrológicas, a vida, o sentido das coisas, as obras humanas, a beleza da natureza, a pureza dos animais. Toda esta racionalidade criadora mostrar-lhe-á qual é a missão específica da sua alma.

- O que acontecerá se eu não a cumprir?

- A sua alma necessitará de reencarnar.

- Reencarnarei noutra pessoa?

- Quando reencarnam, as almas não voltam sempre em pessoas humanas. Se, após as chances de aperfeiçoamento que lhe são concedidas, a alma não conseguir a esperada retificação, ela ficará errante e isolada neste mundo até reencarnar no reino animal, vegetal, mineral ou até em criaturas espirituais negativas. Nestes casos, somente após uma jornada longa e árdua ela volta e ser reencarnada como ser humano.

- Estou certo de que terei um futuro de tréguas e de vergonha. Já sonhei com isso muitas vezes.

- Acha-se um profeta?

- Não, de todo.

- Então não atribua qualquer valor aos seus sonhos desbolados. Estes refletem apenas os seus pensamentos e ansiedades. O Talmude é claro: "Aquilo em que se pensa durante o dia é aquilo que se vai sonhar à noite."

- Dei uma grande queda, mestre. Uma grande queda. Estou ferido, muito ferido.

- Faz sempre bem ao homem dar uma queda, quando esta não o esmaga completamente. Parta para a luta novamente. Não esteja sempre a pensar nos seus infortúnios, senão eles acabarão por hipnotizá-lo e impedirão qualquer acção!

- Devo pensar positivo, é isso?

- Naturalmente. E pensar positivo é pensar positivo, não é "não pensar". Agora vá.

CAPITULO XVII

ESTADIA COM O JASON

No mesmo dia em que visitei Baba Madri, recomecei a treinar. Amigos e conhecidos da rua encorajaram-me imediatamente e propuseram-se mesmo a correr comigo durante a noite, protegendo-me dos bandidos e da vergonha. Todas as noites saía de casa para correr no centro da grande cidade e fazer alongamentos e exercícios específicos para os joelhos. A breve trecho comecei a fazer treinos com bola na companhia de um velho treinador desempregado que tive a felicidade de conhecer na estrada da vida.

Quando deixei de sentir estalos nos joelhos, um nome soou no meu pensamento, com a força do mar encapelado: Jason Parker, o empresário que outrora me proporcionara dias de glória e rios de dinheiro. Há muito que a nossa relação esfriara graças aos destemperos da Joanna. Não têm conta, aliás, as relações de amizade – melhores ou piores, não importa agora – que perdi à custa do feitio e das atitudes agressivas da minha ex-mulher.

Valeu a pena esperar por ele, quatro horas à chuva, à porta da sua luxuosa residência. Vi-o chegar em grande estilo, conduzindo um carro desportivo com quatro faróis à frente. Do interior promanava uma música de feira muito agressiva. Os altifalantes estavam no máximo.

Aproximei-me devagar. Os meus olhos marejados de lágrimas diziam tudo. Precisava de ajuda. Tinha 28 anos de idade. Mantinha a força e o carácter. Ainda poderia dar algo ao futebol, amadurecido que estava no talento e na técnica.

Depois de apagar o rádio e bater a porta, o Jason apresentou-se diante de mim bem disposto e cordial.

- Ó Alexander, que saudades! Dá cá um abraço! Espero que não estejas aqui para me pedir dinheiro emprestado. Não empresto dinheiro a ninguém. Quando muito posso dar-te algum dinheiro, pouco, muito pouco, porque custou-me ganhá-lo. Emprestar, não empresto. Quem empresta dinheiro, perde o dinheiro e perde o amigo.

- Não venho aqui para pedir dinheiro – disse eu.

- O caso muda de figura se quiseres jogar outra vez e já não estiveres coxo. Sei que tens andado a treinar muito e bem. Já me chegou aos ouvidos que o teu joelho está melhor. Será mesmo assim? A situação não é nova para mim. Costumo ser visitado por muitos ex-jogadores arruinados, moídos de lesões até aos ossos, ostentando volumosas barrigas, que ainda assim ambicionam dar uns últimos pontapés na bola para ganhar dinheiro. Tu talvez sejas um caso diferente. Veremos. Levar-te-ei, hoje mesmo, a fazer testes médicos que incluem inúmeras provas de esforço. Entra, entra, ofereço-te uma cerveja em minha casa!

Ao contrário de muitos empresários de futebol, que só se interessam pelos atletas quando eles ganham ordenados milionários e podem fazer grandes contratos, estando sempre presentes nos bons momentos e desaparecendo nos maus, o Jason resolveu ajudar-me. Pela minha parte, expliquei-lhe demoradamente qual o meu estado físico e a minha disponibilidade para voltar a jogar.

- Pois bem! – disse ele – Vou salvar-te a pele. Sairás da favela. Viverás em minha casa por uns tempos. Vai já buscar a tua roupa. Começarás hoje mesmo a ser vitaminado e treinarás todos os dias com um treinador da minha confiança. Tenho em casa um ginásio ultra-moderno. Em breve estarás a jogar. Veremos em que clube e em que país. Quero ver essas patas a marcarem golos outra vez.

Não perdi tempo. Em poucas horas estava instalado no meu novo abrigo. Um quarto luxuosíssimo, com janelas espelhadas e vista magnífica sobre a cidade. Era ali que o meu singular empresário costumava esconder os jogadores que representava quando eles queriam melhorar os seus contratos ou reivindicavam uma transferência para outras paragens. Enquanto os clubes não cedessem, os jogadores não compareciam aos treinos da equipa e ali permaneciam escondidos. Chantagem, pura e simples.

O design daquele quarto estava adequado ao perfil dos seus hóspedes potenciais. Alcatifas de pele de tigre, paredes de mármore, quadros de estádios cheios e de notas a voar, edredom de cor garrida, televisão com dois metros de largura e colunas de alto som. Havia também um elevador que conduzia até um piso inferior onde estava instalado um ginásio fantástico.

Foi uma grande lição de vida a estadia em casa do Jason. Nunca pensei que ele fosse uma pessoa tão invulgar. Tal como um rei na antiguidade, ele tinha uma banheira com jacuzzi no centro da sala de jantar. Todos os dias, antes de jantar, vestia uns calções de flanela aos quadrados e espraiava-se no jacuzzi, fumando uma boa cachimbada. Tinha quase dois metros de altura, era um latagão, e, por isso, para mergulhar o tronco na água, necessitava de suspender as pernas.

Depois de apagar o cachimbo, o meu singular empresário abria as duas torneiras e iniciava sorridente o ritual da lavagem. Principiava por se salpicar. A seguir derramava uma mão cheia de água pela cabeça abaixo, empapava-se de sabonete e começava invariavelmente a queixar-se de algo que o desgostava profundamente. Tinha uns dedos dos pés horríveis. Os dedos mindinhos encavalitavam-se por cima dos outros, não menos feios. Mas nem tudo estava perdido, pensava ele, enquanto observava as suas pernas gorduchas, ornamentadas de uma penugem rara.

Quando o Jason saía da banheira, com a toalha às costas e os calções a pingar, aproximava-se da Alina e, afastando-lhe as repas que lhe cobriam a testa, beijava-a carinhosamente. Ela própria, vencida por tais provas de ternura, cruzava os braços à volta do marido e trocava com ele juras de amor eterno e promessas de exclusividade.

A Alina vestia sempre saias cor-de-rosa e sapatos pontiagudos. Tinha uma conduta certinha e facilmente sorria. A todo o tempo era possível observar os seus dentinhos da frente, semelhantes aos de um castor. Toda a sua figura era terna e inofensiva.

Vivi com o simpático casal o tempo suficiente para afirmar sem pejo que, mesmo com ideias e educações diferentes – ele mais bruto, ela mais esmerada –, ambos se entendiam muito bem e respeitavam-se reciprocamente. Quando se zangavam, a má disposição durava poucos minutos. Era comovente vê-los tantas vezes abraçados, perdoando-se reciprocamente.

Um dia, ao final da tarde, o Jason entrou em casa muito efusivo.

- Arranjei um contrato para ti, Alexander! Jogarás nas Arábias nos próximos dois anos. Partiremos dentro de dois dias. Viajaremos em 1.ª classe. Nunca viajo em 2.ª classe. Tenho dito.

- Que alegria – disse eu –, que alegria! Posso estar seguro de que não haverá nenhum revés na situação?

- Confia em mim. Há um método infalível no mundo do futebol: dinheiro vivo sobre a mesa. É um corrupio de malas cheias de notas para a frente e para trás. O treinador é um velho conhecido. Sei bem com quem estou a negociar. Quando digo que sim, é sim!

- O mundo do futebol é muito estranho. Tudo gira em torno do dinheiro.

- Não tanto como devia ser – respondeu o Jason. – Muitos factores contribuíram para o declínio do futebol enquanto fonte de riqueza. O principal foi a televisão. No meu tempo, se fosse necessário, os árbitros prolongavam o jogo mais meia hora, até que a equipa melhor pudesse ganhar. Que saudades!

- Isso era batota!

- Batota não. Ninguém enganava ninguém. Havia democracia e igualdade de oportunidades. Qualquer pessoa podia tentar comprar o árbitro, independentemente da sua cor, raça ou religião. Quantas vezes vi árbitros e dirigentes a contarem dinheiro antes dos jogos. Estavam felizes, radiosos, fazendo projectos para a vida. Agora não, vivem-se tempos estranhos. Só se fala em polícias e escutas telefónicas!

Curiosamente, no mesmo dia à noite, enquanto jantávamos, um inspector da polícia tocou à campainha. Pertencia a uma brigada de combate à fraude fiscal. A Alina deslocou-se à porta e dirigiu-se ao recém-chegado em maus modos.

- O que quer daqui?

- Boa noite, minha senhora. Eu pretendia falar com o Sr. Jason Parker. Assunto de polícia.

- Eu vou ver se o meu marido pode atendê-lo. Duvido.

Depois de bater a porta, a Alina abeirou-se da mesa, sentou-se e começou a falar calmamente, elogiando o bolo de canela que fizera para a sobremesa. Aprendera a receita com uma tia já falecida. Simples: 7 ovos, 200 gramas de açúcar, 150 gramas de farinha e duas colheres de canela. Que maravilha!
Entretanto, de garfo numa mão e telecomando da televisão na outra, ele entretinha-se, de semblante descontraído, a ver vídeos sobre jovens atletas promissores. Olheiros de todo o mundo enviavam-lhe vídeos sugestivos.

- Este jogador toca bem a bola – dizia ele –, mas é muito lento. Que lesma! Só conhece duas velocidades: devagar e devagarinho. Bom golo, não há dúvida, mas chutou mais no chão do que na bola. Olha para o buraco na relva. Não preciso de ver mais nada, não me interessa. Vejamos o vídeo seguinte. Um jogador asiático. Ok, corre muito depressa. Parece um galgo. E no entanto... que trapalhão! Até se esquece da bola. Tem que travar e voltar para trás para a recuperar. O estilo é péssimo. Parece o Bruce Lee. Não quero karatecas, quero futebolistas. Mudemos de vídeo novamente. É uma rotina para mim. Vejo centenas de vídeos por mês. Eis um jovem avançado com bom peso. É da América Latina. Mas há aqui qualquer coisa que não está bem. Vê, Alexander, quão fraca é a qualidade da imagem. Isto foi filmado há 3 ou 4 anos. Este atleta deve ser veterano agora. Porventura tem muitos quilos a mais. Era o que faltava o grande Jason Parker ir ao aeroporto por engano. Já me aconteceu ir lá buscar um velocista e saiu-me, afinal, um tipo com um rabo gordíssimo. Haviam passado 5 anos desde que o filme fora feito. Por hoje chega, não vejo mais vídeos. Detesto que tentem enganar-me!

Estava calor. E, lá fora, o inspector esperava pacientemente. Eu lembrei o Jason sobre o facto. Por momentos ele pareceu perdido nos seus pensamentos. De súbito, pôs-se a pé de um pulo, subiu rapidamente a escadaria interior da sua residência e pôs-se a espreitar por uma janela, vendo o inspector de polícia a morder os lábios com as faces ébrias de furor. Quando, decidido a interromper tão longa espera, o inspector girou o tronco para se ir embora, foi atingido por um enorme saco de água, arremessado com destreza de uma janela do 1.º andar.

No dia seguinte, o azarado polícia, despeitado, e um colega, passaram a manhã inteira, no interior de um carro da polícia, em frente da casa do Jason, decididos a apanhá-lo ou mesmo a detê-lo. Decerto pensavam na estranha personalidade do Jason. Como é que aquele indivíduo, tão desrespeitador das autoridades, nunca tinha sido preso? Em que local desenharia ele os seus extraordinários planos para fugir aos impostos? Onde teria ele comprado aquele enormíssimo saco de água?

A certa altura, o barulho infernal de uma lambreta sem escape interrompeu as interrogações dos dois polícias. Um risonho entrega-pizzas estacionara ao lado deles.

- Boa tarde, meus senhores. Aqui estão as pizzas.

- Perdão, nós não encomendamos nada. – disse o inspector. – Há algum equívoco.

- A firma para a qual trabalho incumbiu-me de trazer esta encomenda a este local, onde um carro da polícia, com esta matrícula, aguardaria estas belas pizzas. Já estão pagas!

- Bem, nesse caso, passe-as para cá. E mande arranjar o escape. Essa lambreta não está a cumprir a lei.

O entrega-pizzas montou a sua lambreta e arrancou com um grande chinfrim, deixando os polícias contentíssimos com tão prodigiosa e inesperada refeição. Eram pizzas vegetarianas, com molho de tomate caseiro, maionese vegetal, berinjela, azeitona, rodelas de cebola e oregão.

Ainda a lambreta se fazia ouvir, quando uma moto de grande cilindrada estacionou ao lado do carro da polícia. O motard, com o punho direito cerrado, deu duas pancadinhas no vidro do inspector. Este, com a boca recheada, rodou o manipulo que fazia descer o vidro e teve uma grande surpresa. À sua frente, de capacete na cabeça, o Jason ria-se com vontade.

- Ah, ah, ah, ah! Espero que estejam a apreciar essas pizzas! Custaram-me caro!

Aparentando uma belíssima disposição, o Jason arrancou vagarosamente na sua mota, parecendo disposto a dar um passeiozinho salutar. O inspector, que no dia anterior tinha ficado encharcado até aos ossos, não estava disposto a perdoar nada mais. Parecendo vomitar ódio, logo procurou pôr o carro a funcionar, para se lançar no encalço do prevaricador. Rodou a chave duas vezes, o motor quase pegou – clac clac clac –, voltou a insistir e, desta vez, o motor pegou mesmo: rrrrruuuummmmm.

O automóvel da polícia, com três décadas, corroído de ferrugem, escape roto e farolins estalados, era uma mera evolução dos calhambeques dos tempos heróicos do automobilismo, ao passo que a mota do Jason, uma Honda de último modelo, era potentíssima. O carro pôs-se em marcha a toda a fúria, chegando a atingir uma respeitável velocidade para um veículo tão antigo.

Numa curva à direita, o inspector rodou depressa demais o volante, baralhou as mãos atabalhoadamente, uma sobre a outra, a outra sobre a outra, pelo que perdeu momentaneamente o controle da sua viatura. Esta derrapou, indo esmagar-se contra um muro, o que ocasionou um grande estrondo de vidros partidos e ferros retorcidos.

No dia seguinte, o veterano futebolista Alexander Baum e o famoso empresário Jason Parker apanharam um avião para as Arábias. Era o início de uma grande e, para mim, decisiva aventura.

CAPITULO XVIII

JOGANDO NAS ARÁBIAS

Há várias horas que o avião se deslocava debaixo de um sol escaldante. O Jason, pensativo, parecia temeroso, fazendo contas à vida. Não desejaria, por certo, passar os anos seguintes numa prisão, juntamente com meliantes de toda a espécie. Afinal, tinha dinheiro. Poderia viver num país estrangeiro durante algum tempo, dando instruções aos seus advogados para irem torpedeando o processo judicial com requerimentos e recursos absurdos.

Muito a propósito, ele tomou a palavra.

- Eu, Jason, Jason Parker, da família dos Parkers, confesso. Tive hoje um sonho horrível. Um sonho que mexeu comigo. Sonhei que estava a dormir em casa e que, lá fora, na rua, entre uma bruma espessa, surgiu um enigmático vulto, montando um cavalo negro de grande porte. O cavaleiro, alto, atlético, de aspecto sinistro, vestia uma gabardina negra e um longo chapéu da mesma cor. Era o inspector da polícia, com um hálito azedo. Dizia baixinho o meu nome – "Jason, Jason, Jason..." -- enquanto ia espreitando com os seus olhos manhosos para todo o lado. Parecia vir de longe, de muito longe, tal a forma como esporava a sua fatigada montada. A palavra assassínio estava escrita em toda a sua inquietante pessoa. Todos os seres vivos fugiam diante dele, exceptuando alguns sinistros abutres que, pairando de telhado em telhado, o seguiam por toda a parte. O seu ar enigmático, as salientes maçãs do seu rosto e a caçadeira com os canos serrados que trazia à vista traíam o secretismo da sua verdadeira vocação: assassino a soldo. De súbito, o cavalo estaca a sua marcha diante da minha residência. O inspector é maldoso. Sabe que estou a dormir como um anjinho. Mas não tem pena. Quer prender-me, talvez matar-me também. O cavalo derruba a porta com as patas da frente. A porta cai sem barulho. Lentamente o quadrúpede começa a subir as escadarias que conduzem ao meu quarto. A Alina ressona. É costume acontecer sempre que dorme de barriga para cima. Estou nas nuvens, no segundo sonho. Não ouço o trote do cavalo, nem o seu resfolegar. É um bicho enorme, suado, com fome. Entra no quarto e come a primeira coisa que lhe aparece: o meu casaco. A seguir come também o meu maço de tabaco e a carteira da Alina. O inspector debruça-se sobre mim, agarrado aos freios do cavalo. Agarra-me pelos colarinhos. Sinto-me suspenso no ar. Acordo aterrorizado. Chamo pelo nome da Alina. Não me ouve. Continua a ressonar. O cavalo gira o tronco e galga escadas abaixo até sair de casa. Passa por cima da porta derrubada e segue o seu caminho. Estou preso. O pulso de ferro do inspector mantém-me suspenso no ar. Abate-se sobre mim uma sensação de impotência. Sinto que nada me livrará de pagar pelos meus crimes. Choro de arrependimento. Choro por ter andado a gozar com a polícia. Mas é tarde demais. Nas ruas, mendigos e outros notívagos olham para mim com desprezo ou solidariedade. O trote do cavalo prossegue incansável. Vejo a prisão ao fundo. Parece o castelo do conde Drácula. Um portão de ferro começa a abrir-se rangendo. Vejo fornos lá dentro. Muitos fornos. Reclusos em tronco nu queimam toneladas de lixo lixo em grandes fornalhas. Têm um aspecto tenebroso e cicatrizes na cara. Sou despejado junto deles como um saco de lixo. Estou perdido. Foi neste quadro pavoroso que... retomei os sentidos! Informo-te, Alexander, que decidi fugir do país durante uns tempos. Vou contigo para as Arábias. A Alina irá lá ter connosco.

Depois de escutar com atenção a extraordinária narrativa do Jason, enchi-me de brio e, recordando um ensinamento de Baba Madri, disse-lhe em voz alta.

- Porventura acha-se um profeta, Jason?

- Não! – respondeu ele.

- Pois então não atribua qualquer valor aos seus sonhos disparatados. Refletem apenas os seus pensamentos e as suas ansiedades. Aquilo em que se pensa durante o dia é aquilo que se vai sonhar à noite.

O Jason olhou para mim de lado, desconfiado com a minha estranha sapiência. Donde teria um ignorante sacado uma resposta tão redundante e certeira? – pensou ele por certo. Nunca lho disse. Muito acima das nuvens, o avião prosseguia a sua viagem a 1000 km por hora.

A noite caíra pesadamente sobre o grande aeroporto das Arábias quando o Boeing que nos transportava aterrou pesadamente. Na pista reinava uma intensa actividade de aviões em manobras de chegada ou de partida. Aproximou-se uma mota de um batedor da polícia, logo seguido por uma comitiva de quatro automóveis de luxo que estacaram a sua marcha junto da escada móvel do avião.

Na companhia de Jason, fui efusivamente recebido e saudado, em plena manga do avião, por representantes de um príncipe local, financiador do clube e filho do xeque da região. Envergavam uma túnica branca e falavam um dialeto árabe misturado com frases soltas de um inglês improvisado. Fomos imediatamente transportados para uma luxuosa casa de praia, com barco privado e piscina ao ar livre, que seria o nosso abrigo e posto de descontracção a partir desse dia.

Confesso que fiquei muito surpreendido com tudo o que encontrei em tão singular país. Tinha a ideia de que ali só havia areia, homens a rezar e mulheres envergando burca. Havia muito mais. Cidades belas e modernas; limusinas percorrendo estradas novas com várias faixas de rodagem em cada sentido; arranha-céus maravilhosos com suas vidraças limpas e reluzentes todos os dias do ano.

Os shoppings center eram semelhantes a naves espaciais, repletos de escadas rolantes e lagos límpidos; lojas das melhores marcas, espectáculos musicais em fontes luminosas; museus, cinemas, restaurantes, espaços verdes artificiais por todo o lado, sendo possível respirar ar condicionado fresco e suave em todos os lugares.

A população estrangeira, do Ocidente, mais numerosa que a local, parecia estranhamente adaptada ao país. E às leis locais. Ninguém ali gritava por liberdade. Cumpriam-se as regras. Os excessos eram prontamente reprimidos por um sistema policial e judiciário sempre presente e muito rigoroso. Quem se atravesse a passear bêbado pelas ruas, mesmo a pé, ia parar à prisão em poucos minutos. Casais não casados entre si não podiam dormir juntos, sob pena de serem presos em flagrante delito. Prostitutas não existiam. Lixo nas ruas não se via. Ninguém se atrevia a deitar para a via pública um papel sujo ou uma ponta de cigarro. As penas para os ladrões eram tão violentas que ninguém ousava tocar no património alheio. Toda a sociedade se escandalizava quando havia um furto! E montava-se logo uma "caça ao homem" silenciosa, patrocinada pelas autoridades, para a sharia (lei muçulmana) ser aplicada aos prevaricadores encontrados.

Havia também um estádio de futebol, com campos de treinos e centro médico. Ali me tornei futebolista novamente. Com esforço. Muito esforço até. Não podia desperdiçar a oportunidade. Estava ciente de que não mais voltaria a ter outra.

Depois dos treinos, quando os colegas iam embora, ainda ficava quase uma hora a treinar os cabeceamentos e a aprimorar o domínio de bola e os passes. Dava muita importância aos passes ao primeiro toque, pois quanto menos tempo a bola estivesse em meu poder, menos hipóteses haveria de os adversários me lesionarem.

Os outros jogadores da equipa eram bastante voluntariosos, mas na hora de rematar à baliza tudo lhes corria mal. Não tinham categoria suficiente, nem conseguiam abstrair-se dos olhares da multidão concentrada atrás das balizas. Eram muito espiritualizados porém. Todos os dias, paravam à hora certa: a hora das rezas. Punham-se de joelhos no chão, em posição de subalternização perante Deus.

Um dia, um jornalista teve o desplante de dizer num canal de televisão que tinha que tomar remédios antes de fazer o relato de um jogo da nossa equipa, que jogava muito mal. E rematou: «Esta equipa prepara os adeptos para a vida, porque as derrotas fazem parte dela».

Os adeptos do clube passaram a odiá-lo. Certo dia, quando ele se dirigiu de novo ao nosso estádio, para fazer o relato de um jogo, assim que pôs a cara fora do camarote da imprensa, e antes que aparecesse a cabeça inteira, foi vaiado furiosamente por milhares de pessoas em coro. A vaia foi tão intensa que ele recusou-se a fazer o relato do jogo.

Não conformados com a presença daquele jornalista no estádio, cerca de 100 adeptos fanáticos invadiram o camarote de imprensa e desataram a correr atrás dele. O miserável fugiu dali a correr com quantas forças tinha, ouvindo nas suas costas: "Mata, Mata!". Houve quem o visse a abandonar o estádio e a tomar o rumo da auto-estrada... a pé!

Aquele jornalista desbocado teve realmente muita sorte por escapar ileso à investida dos encarniçados adeptos que se preparavam para cair sobre ele como tigres. No fim, quem não escapou ileso a tudo isto foram os próprios adeptos, que se viram detidos pela polícia, por mau comportamento, e no mesmo dia foram condenados em tribunal a apanhar cinquenta chibatadas nas costas. Cada um.

Também existiam ditadores no clube. Os dirigentes pagavam bem e a horas a todos os jogadores e pessoal de apoio técnico, mas demitiam-se de quaisquer responsabilidades. Muitas vezes, no momento da derrota, era revoltante vê-los a não assumirem a sua parte da culpa. Preferiam culpar os jogadores e o treinador, exigindo que estes assumissem todas as responsabilidades perante a imprensa, e esquecendo-se convenientemente dos problemas de organização que muito haviam contribuído para tais insucessos.

No entanto, o pior ditador era o funcionário responsável por manter o relvado do estádio em boas condições. Chamava-se Hassan. Ninguém lhe invejava a profissão, mas no relvado mandava ele. Em geral, a equipa treinava num campo de relva artificial, mas por vezes precisava de treinar no estádio. Os dirigentes, então, davam ordens para que o campo estivesse disponível.

Hassan ficava possesso quando algum jogador dava um pontapé meio na bola, meio na relva. Só deixava usar o campo nas horas marcadas para os treinos. Nem mais um minuto. Assim que o treinador apitava para o fim do treino, o funcionário entrava no relvado como um louco, ligava os sistemas de rega e expulsava dali toda a gente em maus modos. Eu próprio cheguei a ser vítima de uma placagem por parte dele, que queria ver o relvado livre de jogadores, treinadores e bolas o mais rapidamente possível.

Na equipa havia outro estrangeiro, para além de mim. O seu nome era Mike. Um avançado bastante veloz e com uma técnica apurada. Dele recordarei sempre não apenas os seus dotes futebolísticos, mas também a forma infantil como se deixou burlar por uma advogada sem escrúpulos, estrangeira também. Nada de estranho. É corriqueiro ver jovens futebolistas deixarem-se levar pela conversa fácil de raparigas de moral duvidoso que cirandam à volta dos estádios tentando atrair a atenção dos jogadores. Posso bem dizê-lo, pois fui casado com a terrível Joanna!

O Mike só dava ouvidos ao coração. Não ouvia ninguém. O resultado foi catastrófico. Quando acabou a carreira, olhou para os saldos das contas bancárias e estavam todos a zero. A burlona dera um saque integral ao seu património e fugira rumo a um destino só por ela conhecido. O mais dramático é que o Mike era muito amigo dos seus nove irmãos e catorze sobrinhos, todos muito pobres, doentes e necessitados da sua ajuda. Não pôde ajudar ninguém. Estava, ele próprio, condenado à fome.

Creio que o sol quente das Arábias não fez muito bem à minha cabeça. Um certo dia, nadando no mar, tentei regressar à praia e verifiquei que a corrente das águas não o permitia de todo, arrastando-me para o alto mar com uma força insuperável. A pulsação elevou-se subitamente, tão grande era o meu desespero face a um afogamento iminente. Uma vida tão cheia de perigos, misérias, sucessos e quedas, tantos sacrifícios, para acabar afogado num mar de sonho!

Do nada surgiu um velejador a bordo de um barco à vela e perguntou-me tranquilamente:

- Olá, quer uma boleia até à praia?

Desesperado e a engolir água, gritei: "Sim, sim, sim!" e subi para cima do milagroso barco, que agarrei com todas as forças que me sobravam, experimentando a dramática sensação de um náufrago agarrado a uma tábua salvadora.

Poucos minutos depois, estava na praia, de joelhos, ofegante, junto ao Jason, que adormecera entretanto.

- Jason, Jason, por pouco não morri afogado! Foi aquele barco à vela que me salvou a vida!

O Jason acordou estremunhado e disse simplesmente:

- Qual barco à vela?

Olhei e não vi nenhum barco no horizonte. O Jason fechou novamente os olhos e continuou a dormir.

Aproximava-se o momento da despedida do lindíssimo país que, brilhando ao sol com toda a magnificência, acolheu os meus últimos sprints num campo de futebol. Um país encantador, com os seus costumes próprios, os seus rituais, o seu aparelho judiciário singular, as festas em casa do príncipe local.

Nesta minha experiência futebolística nas Arábias, nunca atingi os patamares exibicionais que me notabilizaram noutros tempos. A equipa não atingiu, enquanto colectivo, os objectivos a que se propunha, mas pessoalmente não me posso queixar. Esforcei-me e fui útil à equipa, embora o meu dia-a-dia fosse pautado por muitos receios. Cada treino e cada jogo que terminava sem dores nos joelhos, constituía para mim uma alegria imensa. Quando por vezes as dores regressavam, com elas vinha a angústia extrema.

No final da segunda época de contrato, comovido e com muitas lágrimas nos olhos, fiz o custoso anúncio aos meus colegas de equipa. Apanhando a todos de surpresa, anunciei-lhes o fim da minha carreira profissional, enquanto guardava num saco as chuteiras, velhas e cansadas, para sempre. O momento foi solene, mas ninguém ligou ao que eu disse. Começara a hora das rezas. A minha carreira ficaria por ali. Era o fim.

CAPITULO XIX

VIAGEM DE REGRESSO

Um automóvel de luxo estacionou com pompa e circunstância em frente da porta principal do aeroporto. Com malas e bagagens às costas, eu e o Jason estávamos de regresso a casa. Ele vencera, à distância, através de advogados de grande nível, o processo judicial que outrora ameaçara a sua liberdade. Já não era perigoso voltar. A Alina havia partido uma semana antes, como que para abrir caminho.

- Aí vamos nós! – disse o Jason entusiasmado. – Agora podes mesmo encostar as chuteiras. Nem mesmo eu te arranjaria outro contrato! Só se fosse na selecção de veteranos! Ha, ha, ha!... Foram umas boas férias aqui. Acabaram. Ainda bem. Isto é demasiado parado e organizado. Adoro balbúrdia. Estou ansioso por me ensarilhar nas grandes barafundas do nosso querido país.

Acenei com a cabeça em sinal de concordância. Também estava desejoso de regressar para junto dos meus pais.

- O que vai ser agora da tua vida, Alexander? – perguntou o Jason.

- Não sei o que vai ser – respondi. – Sei apenas o que não vai ser. Viverei só e não incorrerei nos mesmos erros do passado. Ninguém me irá ver cercado de mulheres parasitas ou ostentando carros de luxo, enfileirados na garagem, uns atrás dos outros, todos comprados a peso de ouro. Bastaria isso para ficar novamente sem dinheiro em pouco tempo.

- É bem certo. O dinheiro tem vida e move-se como os homens. Vem, vai e reproduz-se. Se o dinheiro não for utilizado com um critério ajuizado, acaba rapidamente, seja quanto for.

O Jason fez nesta altura um compasso de espera, como se estivesse a reprimir algo que me queria muito dizer. Coçou o bigode farfalhudo e entrou bruscamente no assunto.

- Queres ser meu olheiro? – perguntou.

- Sim – respondi –. Tenciono estudar. Nas horas livres procurarei jovens promissores. Sou um filho da rua. Sei se um atleta vale ou não. Caso descubra atletas de qualidade, é justo que ambos ganhemos dinheiro.

- Pois muito bem. O que custa é criar riqueza, dividi-la é o mais fácil.

O avião levantara voo há um bom bocado. Parecia planar no ar. Não se ouvia nenhum som. Não se sentia qualquer trepidação. Adormeci. Dormi horas. Sonhei com o meu passado: a Joanna e os familiares dela, que tantos estragos tinham feito ao meu património, com negócios ruinosos, uns atrás dos outros, sempre com a mesma leviandade.
16h33. Aeroporto. Vento fraco de leste. Na torre de controlo tudo está calmo. O nosso avião é apenas mais um. A aterragem leve na pista deslizante nem sequer se sentiu a bordo. Longe vão os tempos em que se lançavam para o ar, à aventura, calhambeques com asas!
A Alina esperava por nós, segurando nas mãos uma enorme bandeira dizendo "Bem-vindos". Não era somente por nossa causa. Uns primos do Jason estavam a chegar num outro avião. Haviam feito fortuna no continente africano, no ramo da restauração, e estavam de visita ao familiar mais famoso. Despedi-me então.

- Jason e Alina, falaremos nos próximos dias. Tenho que ir agora. Até breve, queridos amigos! Eternamente grato a vocês. Sou outra vez um homem inteiro. Graças a Deus!

- Graças a Deus e pela mão de Jason Parker, da família dos Parkers! – concluiu o Jason, enquanto penteava o bigode para receber os primos.

Marcante. Assim foi a minha entrada, de taxi, na grande cidade. Senti intensamente a nostalgia da minha pátria. Lojas abertas. Semáforos de 50 em 50 metros. Trânsito intenso de carros e motas. Multidões de homens e mulheres caminhando nos passeios. Crianças aos gritos na rua. Gatos nas janelas da casas. Polícias. Vendedores ambulantes. Jornaleiros. Lufa-lufa. Movimento! Nenhum lugar estava quieto num espaço de quilómetros. Que diferença em relação às Arábias!
Do interior do automóvel brotava um cheiro intenso a comida,

misturado com um forte odor pessoal da condutora. Parecia mentira. O taxi era conduzido por uma mulher. Mascava chiclete. Tinha cabelo curto, calças de ganga, blusão de couro, luvas pretas recortadas nas pontas dos dedos. Provavelmente não tinha filhos. Passava o seu tempo sobre rodas, guiando por estradas e ruas, obedecendo aos sinais de trânsito, estacionando sobre os passeios. Notavam-se no seu rosto as olheiras da falta de sono.

Semáforo vermelho. O taxi parou na fila. Com o cotovelo fora da janela, a taxista flectiu o tronco e olhou para mim, interpelando-me com o dedo em riste.

- Você... a sua cara não me é estranha! Eu conheço-o de algum lugar! Espere, já sei! Você é Alexander, o famoso futebolista que gastou o dinheiro todo, não é?

- Sim – respondi com um ar envergonhado.

- Você jogava bem! Era um craque! Ainda me lembro de um grande golo que marcou com um pontapé de bicicleta. Eu estava lá! Que golo! Com a sua falta de juízo, arruinou-se! Arruinou-se a si e à Joanna! Olhe que ela não merecia!

- Bom, essa parte da história não está bem contada. Mas enfim... Mudemos de assunto, se não se importa. Como estão as coisas neste nosso querido país? Cheguei agora de viagem.

- As coisas não estão muito bem. Há pouco dinheiro no bolso das pessoas. Cada vez faço menos serviços. Todos os meses perco clientes. Em geral, os pequenos negócios estão todos falidos. Só sobrevivem as grandes empresas.

- Pode ser que as coisas melhorem. Confiemos. Resta sempre o futebol.

- Olhe, chegamos ao hotel. Espero que tenha dinheiro para pagar a conta.

- Tenho sim. Tome. Guarde o troco.

Eu antecipadamente marcara um hotel a pouco mais de dois quilómetros da rua da minha infância, mas numa zona bem mais rica e arejada. De arquitectura deslumbrante, quartos lindíssimos, piscina, restaurante e jardins interiores tranquilos, o hotel estava preparado para garantir a absoluta satisfação dos clientes.

A recepcionista, que falava como um gravador, reconheceu-me

imediatamente.

- Muito boa noite, Sr. Alexander Baum. Temos o maior prazer em recebê-lo, conforme a sua marcação. Dará entrada hoje e sairá dentro de uma semana. Esperamos que fique satisfeito com o nosso serviço.

- Vejo muita gente a entrar e a sair – afirmei muito espantado. – É bom sinal. A economia tem que ser pujante. O turismo e a hotelaria são factores de riqueza muito importantes nos dias que correm.

- A nossa política é simples – disse a recepcionista. – As camas devem estar sempre quentinhas. Sai cliente, entra cliente; sai cliente, entra cliente; sai cliente, entra cliente!

- Muito bem. Vou então manter a minha cama quentinha. Preciso de pagar já alguma coisa?

- Sim, Sr. Alexander. Terá que pagar a estadia completa.

- Como assim? Ainda não entrei e já vou pagar sete dias?

- Cumpro ordens. Somente.

- Muito bem. Não protesto. Pagarei imediatamente.

Um tablóide noticiara, de forma malvada, que a minha passagem pelas Arábias não tinha corrido nada bem e que eu gastara, uma vez mais, todo o dinheiro arrecadado, deixando dívidas por todo o lado. A minha fama de despesista continuava.

Peguei num molho de jornais. Cedo concluí que não seria uma boa leitura. Os títulos eram chocantes: «Guerra iminente!»; «Escândalo de corrupção!»; «Bailarina assassinada!»; «Taxa de juro volta a subir!»; «Marilyn casa pelo sexta vez!»; «A selecção quer ganhar!»; «Octagenário sofre acidente de viação!»; «Gangue arrasa restaurante!».

A minha experiência nas Arábias, antecedida dos importantes ensinamentos de Baba Madri, haviam feito de mim um homem cheio de fé e de esperança. Pousei os jornais com desdém. O mundo que a comunicação social costuma apresentar – cheio de violência, pornografia e destruição – não é real. Existem, de facto, zonas marginais onde campeia a mais cruenta miséria moral e material. A minha rua reuniu sempre esses tristes predicados. Mas ela não é o mundo. O mundo é muito grande, muito belo e até muito organizado.

Mesmo em relação à minha rua, considerando a concentração de miséria e a exposição de pessoas de todas as idades a todos os vícios, durante décadas a fio, estou hoje convencido que nunca houve tanta violência, malvadez e imoralidade como seria de esperar. As mulheres, na sua grande maioria, nunca foram assassinas e devassas; nem os homens violadores e assaltantes cruéis. Eu próprio nunca levei um tiro, nem fui espezinhado. Ali vivera a minha mocidade. E, contra as minhas expectativas, ali iria voltar a viver.

CAPITULO XX

DIGNIFICAR A VIDA

Era manhã cedo quando entrei na rua. O sol lançava os primeiros raios. Tudo parecia adormecido. Só os gatos e os cães me fitavam curiosos. Havia caixotes do lixo derrubados sobre os passeios e lenços ensanguentados nos portais dos prédios. Nada mais se via sob as cordas de roupa a rangerem.

Ao passar junto da casa de Baba Madri, a porta escancarou-se de súbito, descobrindo, enigmática, uma personagem ricamente vestida.

- Paz! – disse Madri, carregando uma mala. – Estava à sua espera.

- Oh, tão grande é o meu contentamento! – disse eu. – Acabo de chegar! Vejo uma mala. Vai viajar?

- Partirei hoje mesmo para a terra dos meus ancestrais, que desde moço não vejo.

- Tomará o avião de que horas? – perguntei.

- Irei a pé. Sinto-me até feliz por poder desentorpecer as pernas. Procurarei caminhar noite e dia. Se estacar a minha marcha quando a noite for alta, pela alvorada retomarei o meu caminho. Não faço tensões de regressar.

- Vai a pé!? Mas vejamos... Já não tem idade para...

- Basta!

Baba Madri envolveu o meu pescoço com o braço direito, como um pai faz a um filho, e conduziu-me para o interior do seu armazém

101

labiríntico de livros velhos e empoeirados. Eis a pintura fiel da casa do velho mestre, pintura tanto mais verdadeira quanto mais profundamente se analisassem os seus cantos e recantos.

- Sonhei muito com este dia – disse eu. – Só não esperava vê-lo partir. Quero contar-lhe quão bons para mim foram os últimos dois anos.

- Baruch Hashem (com a graça de Deus) – disse Madri.

- Deus deu-me forças para voltar a jogar futebol. Ganhei muito dinheiro. Desta vez não me deslumbrei com excessos e com investimentos absurdos. Poupei-o. Tenho muito mais do que preciso, porque a minha vida vai ser sempre simples e frugal. Não ostentarei riqueza. Não comprarei automóvel. Não serei novamente rodeado de más companhias. Sinto-me hoje mais adulto. Pretendo ajudar os meus pais, bem como instruir-me. Perderei algum tempo a tentar recrutar jovens talentosos para o futebol. Mas para além disso quero estudar, quero ler, quero cultivar-me. Sou muito ignorante. Há muitas coisas que não li, nem aprendi ao longo da vida. Posso fazê-lo agora.

- E depois disso?

- Daqui a dois anos, não sei. Presumo que os meus estudos irão criar em mim a ânsia de saber mais. É provável que prossiga os meus estudos e as minhas leituras, mais e mais anos.

- E depois disso?

- Creio que já respondi. À medida que os anos forem passando, porventura 4, 6, 8, 15 anos, quererei saber mais, e mais investirei nos meus estudos.

- E depois?

- Depois... serei velho! O que devo saber mais? – perguntei, não podendo refrear a interrogação que me queimava os lábios.

- Há uma espécie de heroísmo que passa despercebido. Ninguém o nota. É a boa conduta de cada dia. A felicidade corresponde a um estado de paz de consciência: paz com Deus, com o Cosmos, com os homens. Para tanto, deve procurar tocar em muitas vidas. O valor de uma vida mede-se pelas vidas que toca.

- Como posso eu tocar em muitas vidas? Dando dinheiro aos pobres? Impossível. Há milhões de pobres. Não possuo dinheiro suficiente para isso.

- A riqueza material pertence a Deus – disse Madri calmamente. – Deve interrogar-se sobre o que Deus pretende que faça com a riqueza de que é depositário.

- Não percebo – disse eu. – Amealhei dinheiro durante dois anos. Fiz muitos sacrifícios. Não posso compreender que o dinheiro não seja meu. Jamais poderei pensar desta forma! Jamais!

- Quem não muda? Só as pedras.

- O que quererá Deus que eu faça com a minha riqueza? – perguntei eu, muito desalentado.

- Falamos já uma vez na missão específica de cada alma. Ajudarei Alexander a descobrir a sua missão, contanto que me prometa combater a sua má inclinação. Para que os homens possam exercer o seu livre arbítrio, Deus criou a boa inclinação e a má inclinação. A missão específica de cada alma está fortemente perturbada pelo yetser hará.

- Mas qual é a missão específica da minha alma?

- A resposta é mais difícil do que a pergunta! – disse Madri. – Se tiver um pouco de paciência, contar-lhe-ei uma pequena história.

- Adoro histórias. Pode começar. Escutá-lo-ei com prazer.

- Há muitos anos, num país longínquo – disse Madri, iniciando a sua narrativa –, existia uma comunidade de pessoas que viviam muito abaixo da linha da pobreza. O quadro era assustador: frio, fome, sofrimento, inexistência de trabalho e de estruturas sociais de saúde e de justiça. O Estado só chegava até essa comunidade por via da repressão e dos impostos. Os bebés choravam e gemiam, noite após noite, dia após dia. Os velhos morriam precocemente. Morriam inconsoláveis, augurando um futuro pavoroso para os seus descendentes. Todos necessitavam de alegria, pão e cuidados de saúde. Nada contracenava com a mais incrível penúria. Só havia uma excepção. Um homem rico, muito rico, a quem Deus nutrira com uma grande fortuna. Possuía ouro suficiente para ajudar muita gente. Se quisesse! Mas não queria. A ninguém ajudava. A ninguém dava nada. Era um avarento. Ele próprio vivia sem nada. Não tinha mulher, nem filhos, nem comodidades, nem divertimentos.

- Que homem detestável! – disse eu encolerizado.

- Um certo dia, um chefe de família visitou o avarento em sua casa. Tinha oito filhos. Estava desempregado. A sua mulher era enferma. Os seus filhos estavam condenados a uma existência de carências. O desafortunando homem sentia-se humilhado por estar ali a contar o seu infortúnio. Não tinha sequer luz em casa. Chorava. Chorava muito. O avarento ouviu-o com atenção. Pareceu até compadecer-se com a sua história. Mas quando o visitante lhe pediu algum dinheiro, o avarento transformou-se completamente. Ficou furioso. A sua simpatia foi substituída por uma raiva extrema. Começou aos gritos. No seu entendimento, ninguém tinha o direito de ir a sua casa pedir-lhe dinheiro. Assim foi expulso o pobre homem daquela casa. A vida de um avarento compõe-se de dinheiro e de desdém.

Pouco tempo depois, um outro pobre, com ar de vagabundo, encontrou o avarento na rua e lançou-se aos seus pés a chorar. Tinha já 90 anos. Não podia lutar mais. O seu filho era deficiente e estava acamado. Chorava de dores. Tinha chagas no corpo e a barriga vazia há longos dias. Tinha frio, precisava de roupa. Talvez algum dinheiro pudesse minorar este drama. Mas o avarento não era sensível à miséria alheia. Verberou o interlocutor e pô-lo a correr dali para fora.

Ao longo da sua vida, o avarento foi abordado por muitas pessoas que precisavam da sua ajuda e viam nele um último amparo. Todos lhe contaram as suas agruras comoventes. Nenhum o demoveu a regenerar-se. De coração enrijecido, o avarento a ninguém ajudou, a ninguém deu dinheiro, nem água, nem comida, nem roupa, nem medicamentos.

- Por certo o indivíduo era uma figura detestada na comunidade! – disse eu, respirando por um momento.

- Todos lhe chamavam avarento – prosseguiu Baba Madri. – Ninguém o saudava com simpatia. As crianças atiravam-lhe pedras. Havia quem lhe cuspisse. Muitas vezes o agrediram com pauladas. Ele acabou por se refugiar voluntariamente em sua casa, donde só saía uma vez por semana quando a noite ia alta. Assim passaram os anos, as décadas.

Muito tempo depois, o avarento teve que abandonar a sua casa e partiu rumo a um destino distante. Ninguém deu pela sua falta. Há muito que ele se isolara. O caso parecia estar definitivamente encerrado. Mas não estava. O avarento era muito mais importante para a comunidade do que as pessoas supunham.

- Então porquê? – perguntei pasmado. – Não consigo imaginar ninguém mais inútil socialmente.

- Alguns dias depois de o avarento desaparecer, uma mulher pôs-se aos gritos desesperados no seu patamar, dizendo que havia sido roubada. Ela, o seu marido aleijado e os seus filhos adolescentes acumulavam já muita fome. Perguntaram-lhe o que lhe roubaram. Contou que costumava receber, desde há muito tempo, um envelope anónimo com algum dinheiro, com o qual sustentava a sua casa. Desta vez, o envelope não aparecera.
Ainda os lamentos da pobre mulher se faziam ouvir, quando outra mulher, que passava na rua, começou a contar uma história semelhante. Também ela, nas horas de maior aperto, estava acostumada a receber, debaixo da sua porta, um pequeno envelope com algum dinheiro, pouco, mas muito útil para a educação dos seus filhos. Acrescentou que o envelope estava em regra acompanhado de livros educativos para crianças.
A notícia alastrou-se como um rastilho de pólvora. Mais gritos. Mais mulheres. Homens também. Todas contavam a mesma história. Famílias pobres, mas honradas, expressavam o seu desconsolo, o seu arrependimento, a sua consternação. O homem que partira, o detestado avarento, havia sido, durante décadas, o sustento e a alegria daquela gente, sem que ninguém soubesse a sua identidade.

Depois de escutar com muita atenção todos os detalhes da extraordinária história vertida por Baba Madri, que muito me comoveu e inspirou, enchi-me de energia e voluntarismo e interpelei-o.

- Por Deus, adorei a história. É extraordinária!

- Tire dela consequências! – retorquiu Madri. – Os portadores de riqueza devem distribuir ajuizadamente o que têm a mais. Dinheiro e livros cheios de vida e alegria. A comida alimenta, o remédio cura, a roupa aquece, a educação liberta.

- Repito que não tenho assim tanto dinheiro – disse eu. – Quantas famílias carenciadas existem no mundo? Milhões de famílias carenciadas!

Consagrando-se cada vez mais como um homem teimoso, Baba Madri prosseguiu calmamente o seu discurso.

- Deus dá o dinheiro em dobro aos doadores anónimos. Entre os oito níveis de caridade, o terceiro nível mais elevado é dar sem que aquele que recebe saiba quem foi o doador. Importa manter o anonimato. O que não é fácil. É preciso saber travar a língua. Um velho provérbio diz que é preciso dois anos para saber falar e sessenta para saber calar. Cada amigo tem um amigo, que tem um amigo e assim sucessivamente.

- Lamento dizer, mas não tenho realmente tanto dinheiro para...

- Basta! Não me faça perder tempo com conversas inúteis! Tenho que partir agora. A minha casa pertence-lhe a partir deste momento.

- Casa, qual casa?! Não quero ficar nesta casa! Quer viver longe desta rua! A minha infância e a minha adolescência foram vividas aqui. Por todo o lado grassavam a subnutrição, o gangsterismo e a luta de todos contra todos e em tudo. Cresci no meio de velhos a chorar, de quartos apinhados de gente com frio, de famílias despejadas das suas casas, de mendigos a contorcerem-se com dores. Nunca mais!

- Vivo nesta rua há quase uma centúria – disse Baba Madri calmamente –. Nada me é desconhecido. Viverá na minha casa. Não aceito uma recusa. Os aspectos legais estão tratados. Informe-se. Desejo-lhe felicidades. Talvez nos encontremos noutra era. Hatzalachá rabá (muito êxito)!

Nesse dia, com muitas interrogações no espírito, acompanhei Baba Madri, a pé, estrada afora, o mais longe que pude. Não fui capaz de demovê-lo da ideia de me doar a sua casa. Também não obtive dele as respostas que desejava sobre a missão específica da minha alma. O estranho velho estava muito concentrado no caminho. Afirmava repetidamente a sua intenção de caminhar duramente.

Recordo-me de o ver, com a sua mala, enfrentando o vento, a descer lestamente uma colina verdejante. A sua respiração, estranhamente deformada pela distância, fazia-se ouvir. E lá foi Madri caminhando, com dignidade, como sempre, rumo à sua meta. Só.

No dia seguinte, vestindo uma roupa banal e dando ares de simplicidade, ocupei a casa de Baba Madri. Os moradores da rua encheram-se de perplexidade e espanto quando me viram a entrar e a sair daquela morada sinistra. Não obstante, tão grande era o temor que Madri despertava que ninguém ousou interrogar-me. Até os gangsters e os traficantes da rua desviavam o olhar quando passavam por mim.

Com a partida de Madri, começava a escrever-se, sem que eu o soubesse, o caminho da minha alma. Poucos dias após eu ter-me instalado naquela casa, e antes mesmo de ter instalado luz eléctrica, tiveram lugar importantes acontecimentos. Vendo-me na rua, a Esther, minha amiga de infância, correu na minha direcção e interpelou-me a chorar.

- Alexander, Alexander, ajuda-me por favor! Dá-me algum dinheiro!

Peço-te! Estou a passar fome. Não tenho o mínimo para assegurar a subsistência dos meus filhos, para os aquecer, para os alimentar. Sempre jurei a mim própria que um dia os meus filhos teriam os bens materiais que eu não tive. Falhei! Têm menos ainda.

- O que se passou, Esther? – perguntei. – Perdeste o teu trabalho? Nunca imaginei ver-te a pedir.

- Ó Alexander – disse ela –, há dez anos que não trabalho. Só tive um emprego. Perdi-o. Foi já há muito tempo. O meu casamento também não resultou. A vida está muito difícil. Sinto-me derrotada. Já pensei em roubar para sobreviver.

- Mas como tens sobrevivido ao longo dos anos, Esther? Como é que habitualmente alimentas e vestes os teus filhos?

- Durante anos, todas as semanas alguém colocava um envelope com dinheiro debaixo da porta da minha casa. Não era muito dinheiro, mas era uma preciosa ajuda, em regra acompanhada de livros infantis. Esta semana, o envelope não apareceu, nem os livros. Estou desesperada! – disse a Esther, enquanto dobrava e desdobrava o último envelope que recebera, pelas mesmas dobras que lhe fizera inicialmente.

No mesmo dia, vi uma senhora cega a chorar convulsivamente no passeio. Arriscava-se a perder a casa por falta de pagamento da renda. Tinha um aspecto escanzelado e infeliz. Não sabia o que fazer. Falava abertamente em suicídio e dizia ter sido roubada. Abaixei-me e perguntei-lhe o que lhe roubaram. Falou-me num envelope com dinheiro que sempre aparecia debaixo da porta da sua casa.

Mais tarde, um idoso quase cadavérico golpeou a porta de casa dos meus pais. Era um velho conhecido lá de casa. Vira-se desde novo sem saúde nem dinheiro, vítima da discriminação e da indiferença social. Agora, na terceira idade, à medida que a idade avançava, sentia-se cada vez mais carente de dignidade, alegria e esperança.

Sentou-se na mesa disposto a abrir o seu coração. Não conseguia refrear as lágrimas que lhe escorriam no rosto. As suas queixas aflitivas encheram-me de consternação. Há muito tempo contava com a preciosa ajuda de um dinheirinho que lhe costumava aparecer todas as semanas debaixo da porta. Desta vez nada tinha aparecido.

Nas horas seguintes, foi possível conhecer mais casos. Todos iguais. As famílias pobres mais honradas da rua estavam todas numa aflição tremenda. Haviam deixado de receber semanalmente um misterioso donativo anónimo que lhes assegurava as necessidades básicas.

Cedo compreendi quem havia sido o autor daqueles donativos. Partira há poucos dias em direcção ao seu país. Já devia estar longe, muito longe. Talvez já tivesse chegado ao seu destino. Imaginei-o a caminhar com a sensação do dever cumprido.

Em vez de ter passado a sua vida, como a generalidade dos homens ricos, de barriga ao sol numa praia, ou vendo televisão, como se a fome e o sofrimento extremo não existissem, ou simplesmente lamentando a falta de políticas públicas de combate à miséria, Baba Madri doara uma boa parte do seu tempo e dos seus recursos financeiros a famílias que viviam muito abaixo das condições mínimas de dignidade. Fizera-o através de uma solidariedade anónima. E fizera-o com grande sabedoria. Qualquer pequena quantia que se acrescente com periodicidade às parquíssimas finanças de famílias carentes constitui um enorme tesouro.

Passaram já alguns anos desde que Baba Madri partiu. A sua imensa biblioteca tem sido a minha grande companhia ao longo do tempo. Na rua, o desgraçado povo, embrutecido pela luta do pão de cada dia ou manchado de torpezas, não suspeita sequer da existência de tão grande oceano literário, rico em ensinamentos da História e de Deus.

Já consegui ler muitos livros. Toneladas estão ainda por ler. Interrogo-me todos os dias sobre o lucro ou prejuízo que tiveram os escritores responsáveis por tão espantosas fadigas literárias. Para mim, é uma honra dispor de tal património. Foi uma sorte. Deixei de ser apenas meio-homem.

O dinheiro de que disponho, tenho-o doado a famílias da rua, de forma anónima. Continuo a ser, naquela que foi a casa de Baba Madri, o seu substituto secreto, elevando o meu coração e o meu espírito a tão grande responsabilidade. "O que é que fez hoje pela sociedade?" – perguntou-me ele certo dia.

Não me sinto velho, nem cansado de remar. Conheço agora o segredo da longevidade do velho ancião e o segredo da sua paz interior.

FIM

JohnRoseAuthor.com

www.ingramcontent.com/pod-product-compliance
Lightning Source LLC
Chambersburg PA
CBHW020552030426
42337CB00013B/1059